KB197001

10대를 위한
하루 10분
집중력 훈련

마음이 편해야 공부에 집중한다

불안과 스트레스를 잠재워 학습 능률을 최고로 올리는 몸과 마음 운동

10대를 위한 하루 10분 집중력 훈련

제니 마리 배티스틴 지음 | 정지윤 · 진현정 옮김

틔움

감정을 조절하고, 스트레스를 줄이며, 집중력을 높이는 마음챙김 연습

한국 청소년 독자 여러분 반갑습니다.

마음챙김 명상에는 혜택이 많습니다. 특히 공부로 인한 압박감을 다루는 데 큰 도움이 됩니다. 10대 청소년은 좋은 성적을 받아야 하고, 명문 대학에 입학해야 한다는 압박으로 늘 스트레스와 불안에 시달립니다.

마음챙김 명상은 감정 조절, 스트레스 감소, 집중력 향상에 좋습니다. 또한 사회 규범과 기대에 맞춰야 한다는 압박감을 다루는 데 도움을 줍니다. 마음챙김 명상을 통해 자기 인식과 자기 수용, 그리고 자신과 타인에 대한 자비심을 배양하여 관계를 더욱 효과적으로 가꿔 나갈 수 있습니다.

전 세계의 많은 청소년이 스마트폰이나 다른 디지털 기기에 많이 의존하리라 생각합니다. 이는 주의 산만이나 불면증을 비롯하여 여러 문제를 일으킵니다. 마음챙김 명상 연습은 디지털 기기와 상호

작용을 할 때조차 현재에 더 집중하고 온전히 깨어 있도록 돕습니다. 이렇게 하면 더 건강한 디지털 사용 습관을 형성할 수 있습니다.

또한 마음챙김 명상은 우울증이나 불안, 스트레스와 같은 정신 건강 문제를 완화하고 전반적인 웰빙을 증진하는 데 효과적인 방법으로 입증되었습니다.

저의 책을 한국 청소년들에게 소개할 수 있게 되어 매우 기쁩니다. 이 책을 통해 마음챙김 명상의 효과를 알게 되는 기회가 되기를 바랍니다. 마음챙김 명상은 10대가 경험하고 있는 삶의 다양한 어려움을 극복하고, 건강하고 행복한 어른으로 성장하는 데 필요한 회복탄력성을 키우는 데 도움을 줄 것입니다.

_제니 마리 배티스틴

옮긴이 인사말

고요하고, 맑고, 밝은 마음을 만들어 주는 마음챙김 연습

마음챙김 명상은 저의 마음을 때로는 고요하게, 때로는 맑고 밝게 해주는 신비로운 힘을 가졌습니다. 차분히 앉아 마음에 귀 기울이고 몸을 돌보는 시간을 갖는 것이 나 자신을 위하고 사랑하는 방법임을 깨달았습니다. 또한 명상을 통해 주변 사람들에게 더 친절하고 너그러운 마음을 가질 수 있다는 것도 알게 되었습니다.

번역 제안을 흔쾌히 허락하고 격려해 주신 저자 제니 마리 배티스틴 선생님께 감사드립니다. 믿고 번역을 맡겨 주신 틔움출판 장인형 대표님과 좋은 책을 만들어주신 출판사 선생님들께도 감사드립니다. 아울러, 언제나 저를 응원하고 지지해 주시는 부모님과 가족들에 감사와 사랑을 전합니다.

이 책을 통해 한국의 청소년들도 마음챙김의 혜택을 누리고 좋은 경험을 하기를 바랍니다.

감사합니다.

_정지윤

차례

/ 2부 /
한낮의 마음챙김

/ 3부 /
한밤의 마음챙김

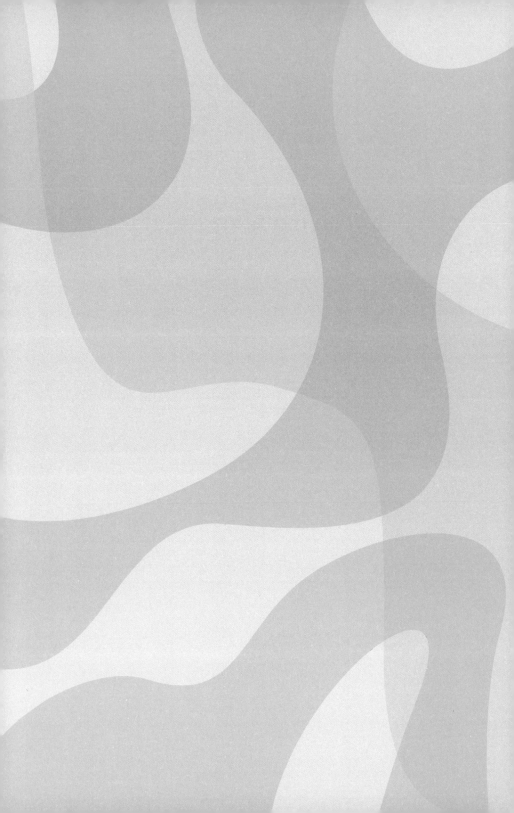

서론

도대체 마음챙김이 뭐지?

Mindfulness.

우리말로 '마음챙김'으로 번역되는데, 평소에 자주 쓰는 단어가 아니기 때문에 다소 어렵게 여겨질 수 있습니다. 'mindful'은 'mind+full'로서, careful이나 beautiful과 같은 단어들과 같이 생각하면 그 의미가 좀 더 쉽게 와닿을 수 있을 것 같습니다. 제가 이해하는 방식으로 설명해 보자면, 'careful'은 'care+full'로서 '돌봄, 주의가 가득 찬'의 의미로 '주의하는, 조심성 있는'의 뜻을 갖고, 'beautiful'은'beauty+full'로서 '아름다움으로 가득 찬'의 의미로 '아름다운'으로 해석되듯이, mindful은 '마음을 다해서','다른 곳으로 정신을 분산시키지 않고 과거를 뒤돌아보거나 미래를 생각하는 것이 아니라 현재 상태를 온전히 깨어서 자각하고, 지금 하는 일에 정신의 분산 없이 나의 온 마음을 다하는 상태'라고 생각하면 될 듯합니다. 따라서 'mindfulness'는 '온전히 내 마음을 다함', '온전히 지금 여기에 머무름', '내 마음 안이나 주위에서 현재 일어나고 있는 것을 있는 그대로 온전히 알아차림'으로 이해할 수 있겠습니다. _옮긴이 주〉

마음챙김이 우리에게 해주는 것은?

여러분은 마음챙김(mindfulness)이라는 말을 이미 들어봤거나, 요즘 왜 그렇게 여기저기에서 그 단어가 많이 보이는지 궁금해하고 있을지 모릅니다.

마음챙김은 온전히 지금 여기 이 순간에 존재하고, 자신의 행동과 자기 주변을 자각하는 능력에 관한 것입니다. 우리는 마음챙김을 통해 주위에서 일어나는 다양한 일에 과도하게 반응하거나 무기력하게 무너지지 않도록 뇌를 훈련할 것입니다. 다시 말해 우리 마음과 감정의 주인이 되는 법을 배울 거예요.

마음챙김은 여러분이 어떤 감정이나 상황에 매몰되지 않고, 한 발짝 뒤로 물러서서 지금, 이 순간에 존재하게 도우며 내면의 힘과 회복탄력성을 끌어낼 수 있게 합니다. 현대 사회에서 청소년은 공부, 운동, 과외활동, 대학입시 준비, 인간관계, 아르바이트, 소셜 미디어에서의 자기 이미지 관리 등으로 스트레스가 큽니다. 할 일이 너무 많다는 압박에 에너지가 소진되어 힘들어하는 청소년이 많습니다. 여기 좋은 솔루션이 있습니다! 바로 이 책에 나온 마음챙김 훈련이 여러분을 도와 스트레스에 잘 대처하고, 가족이나 친구들과 좋은 관계를 맺고, 학교에서 좋은 성적을 받도록 만들어 줄 거예요. 마음챙김 훈련을 잘 익히면 지금은 물론 성인이 되어서도 큰 도움이 될 것입니다. 어려운 상황에 처하거나 극심한 스트레스를 받더라도, 평온하고 만족스러운 마음을 갖게 만들 것입니다. 그것이 바로 마음챙김이 하는 일입니다.

마음챙김 습관 만들기

"나는 공부할 시간도 별로 없는데, 마음챙김을 위한 시간을 낼 수 있을까?"라고 묻는 학생이 있습니다. 네, 시간을 낼 수 있습니다. 아니 시간을 내지 않으면 안 됩니다. 저의 할머니는 제게 항상 "고민

할 시간에 했으면 벌써 더 했겠네"라고 말씀하셨어요. 마음챙김은 하루 10분 연습만으로도 삶에 큰 차이를 만듭니다. 이것을 습관으로 만들면 그 효과는 더욱 커집니다. 어디에 있든 마음챙김과 함께 하길 바랍니다. 다른 무엇보다 가장 먼저 해야 할 가장 중요한 일이기 때문입니다.

이 책은 어떻게 도움이 될까?

이 책은 마음챙김에 관한 4가지 연습으로 구성되어 있습니다.

차분해지기 연습: 스트레스가 심할 때 마음을 진정시키고, 힘들고 어려운 시기가 지난 후 긴장을 푸는 데 도움이 됩니다.

집중하기 연습: 집중력을 높이는 데 도움이 됩니다.

연결하기 연습: 다양한 감정을 경험하고, 식별하고, 받아들일 수 있도록 돕습니다. 이 훈련을 통해 여러분은 자신의 감정을 절대적인 진실이 아니라 하나의 정보로 보게 됩니다. 우리의 감정은 날씨처럼 시시각각 변합니다. 이것은 자연스러운 일입니다. 이 훈련은 자신의 감정을 좋거나 나쁘다고 판단하지 않고, 감정과 함께 그저

머무를 수 있게 합니다.

반응하기 연습: 내면의 부정적인 생각과 감정이 있음을 인식하고, 이를 긍정적인 방향으로 바꾸게 하는 데 도움이 됩니다. 힘든 상황에 닥쳤을 때, 훨씬 차분하고 능숙하게 대응할 수 있게 됩니다.

각각의 연습에는 효과를 높이기 위해 심화 과정이 포함되어 있습니다.

연습의 효과와 생활의 변화를 노트에 기록하는 것도 좋습니다. 자신이 발전하는 모습을 되돌아볼 수 있기 때문입니다.

어디서부터 시작할까요?

마음챙김 연습을 시작하는 방법은 다양합니다. 이 책은 여러분의 일과에 맞춰 하루 중 언제라도 알맞은 연습을 할 수 있게 돕고 있습니다. 한 달 동안 매일 연습하면 마음챙김을 어디에서나 할 수 있는 습관으로 만들 수 있습니다. 궁극적인 목표는 더욱더 마음챙김 상태로 살아가고, 마음챙김 연습할 때뿐 아니라 언제나 온전히 지금, 여기, 이 순간에 존재하는 것입니다.

마음챙김의 효과

마음챙김의 효과는 많지만, 청소년에게 가장 좋은 것을 꼽으면 두 가지가 있습니다. 기분이 좋아지고 주의력과 집중력이 높아진다는 것입니다.

기분이 좋아진다: 하루 10분 마음챙김 연습이 마음의 평화와 수용적인 태도, 가볍고 편안한 심리 상태를 만들고 유지하게 합니다. 이를 일상으로 만들면, 지나친 걱정과 같은 부정적인 생각에서 벗어나 마음이 방황하지 않고, 감정 기복이 줄어들며, 복잡하고 어려운 상황에서도 맑은 정신을 유지할 수 있습니다.

주의력과 집중력이 높아진다: 마음챙김 연습은 지금, 여기, 이 순간에 머무를 수 있도록 주의를 한 가지(자신의 호흡, 특정한 소리나 물건 등)에 집중하게 합니다. 매일 연습을 하면 주의력과 집중력이 높아지고 학습 능력도 향상됩니다. 마찬가지로 마음챙김이 습관이 되면 시험을 보거나, 새로운 사람을 만나거나, 여러 사람 앞에서 이야기하거나, 운동 경기를 하는 등 스트레스와 압박감을 느끼는 상황에서도 의연하게 대처할 수 있습니다.

기타 효과

· 두려움을 쉽게 극복
· 숙면
· 변화에 쉽게 적응
· 건강한 식사 습관
· 공감 능력 향상
· 약물 남용 위험 감소

- 잠을 잘 못 자나요? '차분해지기 연습'이 도움이 될 거예요.
- 시험 때만 되면 불안하나요? '집중하기 연습'을 해 보세요.
- 하기 싫은 공부를 자꾸 미루고 있나요? 계획대로 하지 않거나 실행을 미룬다면 '연결하기 연습'이 도움이 됩니다.
- 누군가 여러분을 화나게 하더라도 '욱' 하지 않고 침착하게 대응하고 싶다면 '반응하기 연습'을 해 보세요.

마음챙김 연습의 효과는 확실합니다. 마음챙김 연습을 통해 뇌를 훈련하면, 궁극적으로 우리 삶에 긍정적인 영향이 많아질 거예요. 하루 10분이면 충분합니다.

호흡법

호흡법이 우리의 감정에 직접적이고 강력한 영향을 미친다는 사실은 이미 과학적으로 증명되었습니다. 예를 들어, 차분한 호흡은 부교감 신경계를 이완하여 몸을 편안하게 하고, 스트레스 호르몬 감소로 혈압이 낮아지고 심장 박동이 느려집니다.

호흡을 통해 횡격막에서 뇌로 연결되는 미주 신경을 활성화하여 몸을 안정된 상태로 유지하도록 부교감 신경계에 신호를 보냅니다. 불안하거나 스트레스를 받을 때만 호흡법이 효과가 있는 것은 아닙니다. 호흡법은 마음챙김 연습을 할 때, 집중력을 더 높이고 내면의 평온을 쉽게 달성하도록 도와주는데 유용한 도구입니다. 이 책에 나오는 대부분의 연습은 다음에 나오는 특별한 호흡을 하면서 시작합니다. 본격적인 연습에 앞서 다음의 다양한 호흡법을 익혀 보세요.

4.7.8 호흡(요가 호흡)

개인적으로 제가 가장 좋아하는 호흡입니다. 신체 이완에 좋고 스트레스를 받거나 잠을 못 잘 때도 효과적입니다. 스트레스 호르몬 발생을 억제하고 몸을 완전한 이완 상태로 만드는 데 좋기 때문입니다. 호흡에 계속 주의를 기울이면 불안감이 금방 사라집니다.

1. 눈을 감고 횡격막(옮긴이 주: 가슴과 배를 나누는 가로무늬 근육. 위로는 가슴, 아래로는 배와 구분됨. 횡격막은 수축과 이완을 통해 호흡 운동을 도움)에서 자기의 호흡을 느껴 보세요. 횡격막 아래로 깊이 숨을 들이마시면서 배가 위로 부풀어 오르는 것을 느낍니다. 숨을 내쉬면서 배가 가라앉는 것을 느낍니다.
2. 숨을 들이쉬며 숫자를 세기 시작합니다: 하나부터 넷을 세면서 숨을 들이마셔요. 둘, 셋, 넷.
3. 숨을 참고 일곱을 셉니다. 참습니다. 둘, 셋, 넷, 다섯, 여섯, 일곱.
4. 숨을 내쉬면 여덟을 셉니다. 내쉽니다, 둘, 셋, 넷, 다섯, 여섯, 일곱, 여덟.
5. 이 과정을 네 번 또는 각 연습에서 제시된 횟수만큼 반복합니다.

4스퀘어 호흡

이 호흡은 몸을 이완시켜 집중력을 높이는 데 도움이 되어, 시험과 같이 심한 스트레스를 받을 때 하면 좋습니다. 또한 이 호흡법은 뇌를 진정시키고, 스트레스를 느끼지 않으면서도 각성한 마음 상태로 지금, 이 순간에 머물 수 있게 하는 가장 쉽고 빠른 방법입니다. 효과를 극대화하기 위해 가능하면 적어도 8분 정도 해 보세요. 눈을 감고 평화로운 장소를 떠올립니다. 제가 가장 즐겨 상상하는 곳은 해변과 바다입니다. 숨을 들이쉬며 해변으로 부드럽게 밀려오는 파도를 상상합니다. 숨을 내쉬며 밀려가는 파도를 상상합니다.

1. 두 발을 땅에 굳게 딛고, 편안한 자세로 앉으세요.
2. 현재 몸 상태와 호흡의 패턴을 알아차리는 시간을 잠깐 가집니다.
3. 자리를 잡고 시작할 준비가 되었다면 양손을 배꼽 아랫부분에 대거나, 손바닥을 위로 향하게 하여 허벅지 위에 올려놓으세요.
4. 넷을 세면서 천천히 숨을 들이쉬세요. 들이쉽니다, 둘, 셋, 넷. 배가 솟아 올라오는 것을 느껴 보세요.
5. 넷을 세면서 숨을 참으세요. 참습니다, 둘, 셋, 넷.
6. 넷을 세면서 천천히 숨을 내쉬세요. 내쉽니다, 둘, 셋, 넷. 배가 가라앉는 것을 느껴 보세요.
7. 넷을 세면서 숨을 참으세요. 참습니다, 둘, 셋, 넷.

8. 이 과정을 최소 네 번 이상 반복하세요.

2+4 호흡

에너지를 빨리 충전해야 할 때, 감기 기운이 느껴질 때, 혹은 깨어 있어야 하는데 졸음이 올 때 이 호흡을 해 보세요.

숨을 들이쉬는 시간보다 더 오래 숨을 내쉬면 면역 체계가 올바르게 작동하고 몸이 더 각성한다는 연구 결과가 있습니다. 계속 집중해서 어려운 공부나 숙제를 해야 할 때 이 연습을 해 보세요. 호흡법을 시행할 때는 언제나 몸이 충분히 이완된 상태를 유지해야 합니다. 몸의 이완을 돕는 방법은 바닥에 누워서 호흡하는 것입니다. 오른손을 심장 위에 놓고, 왼손은 배꼽 아랫부분에 올려놓습니다. 숨을 내쉴 때 손이 내려가고, 숨을 들이쉬어 폐를 공기로 채울 때는 손이 올라가는 것을 관찰하세요. 기말고사 기간과 같이 극심한 스트레스를 받는 시기에는 하루에 두 번씩, 5분 동안 이 호흡을 해 보세요.

1. 두 발을 땅에 굳게 딛고, 편안한 자세로 앉으세요.
2. 자리를 잡고 시작할 준비가 되었으면, 양손을 배꼽 아랫부분에 올려놓거나 손바닥을 위로 향하게 하여 허벅지에 올려놓으세요.
3. 둘을 세면서 천천히 숨을 들이쉬세요. 들이쉽니다, 둘. 배가 올라오는 것을 알아차리세요.

4. 둘을 세면서 숨을 참으세요. 참습니다, 둘.

5. 넷을 세면서 천천히 숨을 내쉬세요. 내쉽니다, 둘, 셋, 넷. 배가 내려가는 것을 알아차리세요.

6. 둘을 세면서 숨을 참으세요. 참습니다, 둘.

7. 이 과정을 최소 10회 이상 반복하세요.

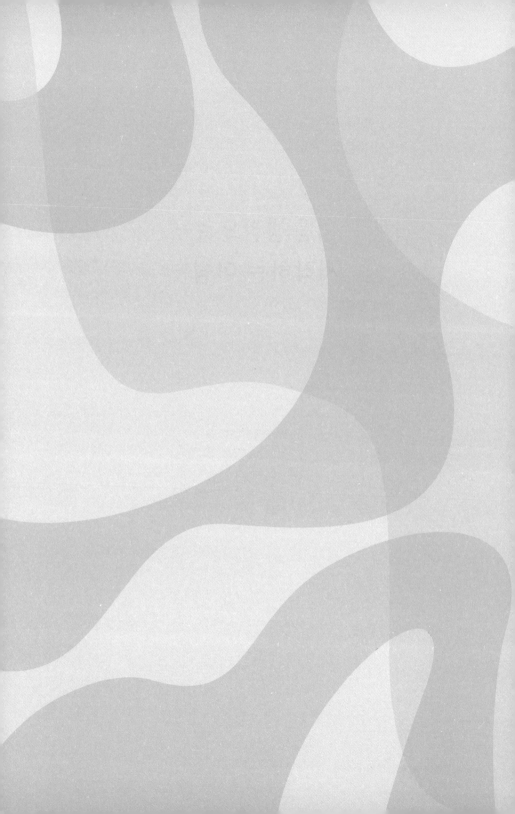

1부

마음챙김으로 시작하는 아침

여러분의 아침은 어떤 모습인가요?

잠자리에서 일어날 때, 한 줄기 햇살을 느끼며 기분 좋은 아침을 시작하나요? 아니면 피곤과 짜증을 느끼면서 아침을 맞이하나요? 아침에 잠에서 깰 때 느끼는 감정을 한번 살펴 보세요. 감정에 휩싸이지 않으면서, 그 감정을 주의 깊게 관찰해 보세요. 하루를 시작하면서 감사할 이유를 떠올려 보세요. 여러분은 어려움을 극복하고 만족스러운 순간을 맛볼 수 있을 만큼 강한 사람이라는 사실을 마음에 새기고, 오늘 하루가 품고 있는 가능성에 집중하세요.

자신에게 너무 엄격한 잣대를 들이대지 말고, 따뜻한 이해와 사랑의 마음으로 하루를 시작하세요. 예를 들면, 늦잠을 잤다면 제시간에 일어나지 못한 자신에게 화를 내기보다 좀 더 너그럽고 친절한 마음으로 이렇게 말해 보세요. "와! 내 몸이 보내는 신호를 알아듣고, 내게 좀 더 충분한 휴식 시간을 주었네. 이제 옷을 갈아입고, 새로운 하루를 시작해야지! "

아침에 마음챙김 연습을 하며 하루를 시작하는 것은 마음을 맑게 하고 그날의 일어나는 일을 있는 그대로 받아들일 수 있도록 도와줍니다. 매일 아침 새로운 연습을 해 보세요.

한 달 동안 매일 꾸준히 새로운 연습을 해 보세요. 그리고 하루의 일을 판단이나 평가 없이 그대로 받아들이는 데 가장 도움이 되었던 연습 네 가지를 선택해서 두 달 정도 지속해 보세요. 한 주에 한 가지 연습을 지속하는 것도 좋습니다. 3개월 후에는 아침이 더 밝게 느껴지고, 매일 아침을 열정적으로 시작하는 자신을 발견하게 될 거예요. 자, 이제 마음챙김으로 아침을 맞이하는 데 도움이 되는 연습을 알아보도록 해요!

여러분에게 가장 중요한 것은 무엇인가요?

어떤 사람이 되고 어떻게 살아가고 싶은지를 정해주는 것이 가치관입니다. 자신이 중요하다고 생각하는 가치를 추구하다 보면, 살면서 겪게 되는 여러 가지 어려움을 받아들이고 극복할 수 있습니다. 남의 시선을 의식하며 자신의 가치관을 세울 필요는 없습니다. 우리는 모두 자신이 중요하다고 생각하는 가치를 스스로 선택할 수 있습니다. 잠시 시간을 내서, 자신이 중요하다고 생각하는 가치가 무엇인지 생각해 보세요. 어떤 사람이 되고 싶고, 어떤 삶을 살기 위해 노력하고 싶은지 생각해 보세요. 자, 이제 자신의 생각과 행동을 잘 관찰해 가면서 이 책에 나오는 연습을 시작해 봐요.

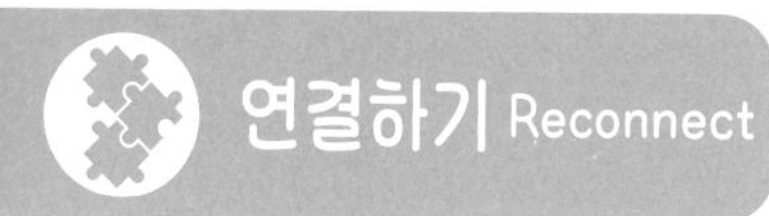

연습 1

영웅 자세

읽는 시간: 2분 | 연습 시간: 8분

심리학자들은 '파워포징power posing'이라는 개념을 통해 우리가 취하는 자세가 우리의 생각과 느낌에 영향을 준다고 말합니다. (옮긴이 주: 자신 있는 당당한 자세를 취하면 자신감이 실제로 커지는 효과가 있다고 하며 그러한 자세를 취하는 것을 일컬어 파워포징-power posing-이라고 합니다.) 파워포즈 자세를 취하면서 긍정 확언을 함께 하면, 내면의 힘을 느끼면서 오늘 하루를 내가 원하는 대로 보내겠다는 강력한 의지가 생깁니다. 중요한 프로젝트가 있거나 누군가에게 말하기 힘든 이야기를 꺼내야 할 때 이 연습을 해 보세요. 영웅 자세는 내면의 힘을 끌어내는 데 도움이 됩니다.

1. 거울 앞에서 양발을 어깨너비로 벌리고 손을 엉덩이에 댑니다. 깊은 호흡을 다섯 번 하면서 자신의 눈을 바라보세요.
2. 마음속으로 혹은 소리 내 말하세요. "나는 힘, 지혜, 용기가 필요하다" 1분 동안 서서 자신을 바라보며, 이 말이 사실이라고 믿습니다.
3. 마음속으로 혹은 소리 내 말하세요. "나는 힘, 지혜, 용기를 찾을 거다" 1분

동안 서서 자신을 바라보며, 이 말이 사실이라고 믿습니다.

4. 마음속으로 혹은 소리 내 말하세요. “나는 힘, 지혜, 용기가 생겼다” 눈을 감고 오늘 해야 할 일을 훌륭히 마친 자신의 모습을 상상합니다. 이 연습을 한 번 더 반복하세요.

5. 깊은 호흡을 다섯 번 한 후, 연습을 마칩니다.

＊심화 연습

일과를 마친 후, 자신이 하루 동안 성취한 것들을 적어 보세요. 그중에서 힘, 지혜, 용기를 보였던 순간을 표시하세요.

연습 2

나비 포옹

읽는 시간: 3분 | 연습 시간: 7분

나비 포옹 연습은 마음을 고요하게 하고, 내면의 힘을 인식하며, 자신을 향한 따뜻한 사랑의 마음을 느끼도록 도와줍니다. 나비는 변형과 탈바꿈을 상징합니다. 이 책을 읽기 시작했다는 것은 이미 변화하겠다는 의지와 마음이 있다는 것입니다. 이 연습은 침대에 눕거나 걸터앉아서, 또는 의자에 편히 앉아 할 수 있습니다.

1. 조용하게 혼자 있을 수 있는 공간에서 편안한 자세를 취합니다. 양손의 엄지손가락을 교차해서 나비 모양을 만들고 (우측 그림 참조) 손바닥을 쇄골 바로 아래 가슴에 얹습니다.
2. 오른손으로 여러분의 쇄골을 부드럽게 토닥입니다. 왼손으로도 똑같이 합니다. 1분 동안 오른손과 왼손을 번갈아 가며 계속 토닥입니다.
3. 양손을 가슴에 계속 댄 채, 마음속으로 혹은 소리 내어 "내가 행복하고, 건강하고, 평안하기를"이라고 말하며 깊은 호흡을 세 번 합니다.
4. 1~3의 과정을 세 번 반복합니다

5. 깊은 호흡을 세 번 한 후 연습을 마칩니다.

*** 심화 연습**

어떤 느낌이 들었나요? 마음이 변하는 것을 알아차렸나요? 내면의 힘을 느낄 수 있었나요? 더 깊은 경험을 하는 좋은 방법은 나비 포옹과 함께 사용하는 긍정 확언을 직접 만들어 보는 것입니다. 자신이 만든 긍정 확언에 따라, 하루가 어떻게 달라지는지 관찰해 보세요.

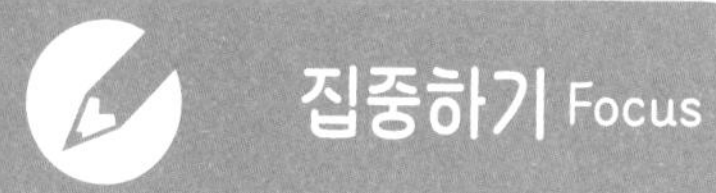

연습 3

온 마음 다해 먹기

읽는 시간: 3분 | 연습 시간: 7분

음식을 먹는 행위에 '온 마음을 다해' 집중하는 것은 마음챙김을 연습할 수 있는 쉬운 방법입니다. 매일 적어도 세 번은 실천할 기회가 있어요. 온 마음을 다해서 먹는 것에는 다양한 방법이 있습니다. 이 연습의 핵심은 먹고 있는 음식에 주의를 기울이고 먹는 그 순간을 즐기는 것입니다. 소셜미디어, 텔레비전, 숙제 등 방해가 되는 요소를 모두 없애고 오직 음식만을 바라보고, 생각하고, 냄새 맡고, 맛을 음미하세요.

1. 깊은 호흡을 세 번 합니다. 그릇에 담긴 음식을 바라봅니다.
2. 다시 깊은 호흡을 세 번 하면서 그 음식이 온 논과 밭, 농장, 또는 바다와 같은 음식의 근원을 떠올립니다.
3. 다시 깊은 호흡을 세 번 하면서 음식에서 나는 냄새에 집중합니다.
4. 음식을 한 입 깨물고 온도, 향, 질감을 느껴 보세요. 씹으면서 입안에서 느껴지는 감각과 입안에 퍼지는 향을 느껴 보세요. 이제 음식을 삼키면서 입

안의 감각과 입에 남아있는 향을 느껴 보세요.

5. 이렇게 첫 한 입을 먹은 다음 수저나 포크를 내려놓고 깊은 호흡을 세 번 하세요. 음식을 다 먹을 때까지 4-5의 과정을 반복합니다.

6. 깊은 호흡을 세 번 한 후, 연습을 마칩니다.

*** 심화 연습**

'온 마음을 다해 먹기'는 비교적 쉽게 만들 수 있는 습관입니다. 이 연습을 점심과 저녁 식사 때에도 해 보세요. 하루를 마친 후, 집중력이 향상되었는지 확인해 보세요.

연습 4

감정 전환

읽는 시간: 3분 | 연습 시간: 7분

감정은 우리의 기분, 상황, 그리고 타인과의 관계에 따라 달라집니다. 이런 감정을 우리는 긍정적인 것과 부정적인 것으로 분류합니다. 감정을 관리하는 효과적인 방법은 그 감정을 있는 그대로 인정하고, 그것이 부정적인 감정이라면, 의도적으로 긍정적인 방향으로 바꾸려 노력하는 것입니다. 기분이 좋지 않을 때라도 미소를 지으면 몸에서 행복 호르몬인 세로토닌과 도파민이 생긴다는 연구 결과도 있습니다.

이 연습은 부정적인 감정을 바꾸는 데 좋습니다. 감정은 무언가에 대한 자신의 느낌이고, 이는 연습을 통해 조절할 수 있습니다. 이 연습에서는 〈2+4 호흡〉을 사용합니다.

1. 눈을 감고 잠깐 자신의 감정에 주목합니다.
2. 〈2+4 호흡〉을 하면서, 자신이 느끼고 있는 감정이 몸 어느 부위에 존재하는지 찾아 그곳에 손을 갖다 댑니다.

3. 미소를 지으며 마음속으로 혹은 소리 내 말하세요. "나는 행복을 선택하겠어." 이 말을 반복하세요.

4. 다시 〈2+4 호흡〉을 하면서 미소 지은 후 눈을 뜹니다. 감정의 변화를 느껴보세요. "나는 행복을 선택하겠어"라고 10번 더 반복해서 말합니다.

*** 심화 연습**

이 연습이 좋았다면, 이제 거울 앞에 서서 자신의 눈을 바라보세요. 자신을 향해 미소 지으며, 행복을 선택할 수 있다는 사실을 생각하세요. 감정의 변화가 있는지 확인합니다.

연습 5

차분한 호흡

읽는 시간: 3분 | 연습 시간: 7분

혹시 심한 스트레스를 받고 있나요? 중요한 시험을 앞두고 있거나, 크게 다툰 친구를 학교에서 다시 봐야 하는 것이 걱정인 경우 그럴 수 있습니다. 너무 염려하지 마세요. 이번 연습은 호흡에 집중하면서 극심한 스트레스 상황에서도 자신감과 편안한 마음을 갖도록 도와줄 거예요.

1. 조용한 방에서 발바닥이 평평하게 바닥에 닿도록 의자에 편안하게 앉으세요. 배 위에 손을 살포시 올려놓으세요. 타이머를 7분으로 맞추세요. 타이머가 없으면 휴대전화기를 사용하세요.

2. 눈을 감고 호흡에 집중합니다. 숨이 배로 내려갈 때까지 천천히 숨을 들이쉬고 내쉬세요. 배 위에 올려놓은 손이 들숨과 날숨에 따라 천천히 올라가고 내려가는 것을 느껴 보세요.

3. 〈4, 7, 8 호흡〉을 하며 마음속으로 혹은 소리 내어 "나는 자신감 있게 오늘 하루를 보낼 수 있다"라고 말하세요. 세 번 반복하세요.

4. 눈을 감은 채 시간이 다 될 때까지 보통의 호흡을 하세요.

* 심화 연습

이 연습이 좋았다면 한 번 더 하세요. 단, 시간을 10분으로 늘려 보세요. 이 연습이 힘들었다면, 그 이유를 노트에 적어 보세요. 여러분에 대해 긍정적으로 진술하는 문장 목록을 적다 보면, 연습 중 경험한 어려움을 다른 관점에서 바라볼 수 있습니다.

연습 6

소리 풍경

읽는 시간: 2분 | 연습 시간: 8분

이 연습을 통해 주의를 집중하고 유지하는 법을 배울 거예요. 사람에게는 주의를 한곳에 모을 수 있는 놀라운 능력이 있는데, 이 능력은 저절로 타고나는 것이 아닙니다. 우리가 원하는 곳에 원하는 시간만큼 주의를 집중시킬 수 있으려면 훈련이 필요합니다.

이 연습에서 우리는 단순한 한 가지 소리에 주의를 집중할 것입니다. 어떤 소리가 주변에서 들리나요? 여러 가지 다양한 소리가 사방에서 들릴 것입니다: 실내에서 나는 소리, 바깥에서 나는 소리, 심지어 심장 박동 소리, 숨소리, 뱃속에서 나는 꼬르륵 소리 등 몸에서 나는 소리까지 들을 수 있습니다. 이 연습으로 어떻게 계속 한 소리에 주의를 집중할 수 있는지 배워봐요.

1. 발바닥이 평평하게 바닥에 잘 닿도록 의자에 편안하게 앉으세요. 또는 양반다리 자세로 바닥에 앉아도 좋습니다. 손을 무릎이나 허벅지 위에 올려놓으세요. 타이머를 8분에 맞춥니다.

2. 들이쉬고 내쉬는 숨소리에 주의를 집중하는 것으로 연습을 시작합니다. 주

변에서 나는 소리를 알아차려 보세요. 다양한 소리가 들린다는 것을 알아채면서 새로 들리는 다음 소리로 주의를 옮겨 가세요.

3. 계속해서 소리에만 집중하세요. 여러분의 주의가 한 가지 소리에 집중되지 못하고 여기저기로 옮겨 다닌다면, 그것을 알아차리고, 다시 소리로 주의를 천천히 되돌리세요. 시간이 다 될 때까지 연습을 계속합니다.

*** 심화 연습**

이 연습이 재미있었다면 청각뿐 아니라 다른 신체 감각도 연습에 포함해 보세요. 예를 들면, 바닥의 카펫을 발로 느껴보거나, 입고 있는 옷이나 손에 쥐고 있는 물건의 감촉을 느껴 보세요. 소리나 감촉에서 듣거나 느낀 것에 온전히 주의를 집중해 보세요.

연습 7

원숭이의 순간

읽는 시간: 2분 | 연습 시간: 8분

이 연습은 불안을 다루는 데 탁월합니다. 마음 안에 있는 불안을 귀엽고 작은 원숭이라고 생각하는 것입니다. 그 원숭이는 뒤처지고 혼자 남겨질까 봐 걱정하고 있어요. 아마 여러분도 그 원숭이의 두려움에 공감하며 동정심을 느낄 수 있을 것입니다. 여러분은 그 원숭이보다 훨씬 더 현명하기에 원숭이의 염려에 귀를 기울이고, 그 염려를 어떻게 다룰 것인지 선택할 수 있어요.

1. 좋아하는 산책로나 조용한 집 주변을 산책하세요. 타이머를 8분에 맞추세요. 발뒤꿈치부터 앞꿈치까지 한 발 한 발 내디디며 걷는 것으로 연습을 시작합니다.
2. 걸으면서 긍정적인 주문, "나의 원숭이가 평화롭기를 바랍니다"를 반복해서 말합니다.
3. 이 말을 할 때, 원숭이는 여러분의 등에 업혀 마음을 진정시키고 있다고 상상하세요.
4. 주의가 산만해지면 이 주문을 현재 여러분을 불편하게 하는 것에도 적용

해 봅니다. 예를 들면, 최근에 동생이 성가시게 하고 있다면 "내 동생이 평화롭기를 바랍니다"라고 말하는 것입니다.

＊심화 연습

마음챙김 노트에 여러분의 '불안 원숭이'를 그려 보세요. 반할 수밖에 없을 정도로 아주 사랑스럽게 그리세요. 그리고 원숭이에게 이름을 지어 주세요. 다음에 이 연습을 할 때, 이름을 불러 주고, "너는 오늘 나와 같이 걸을거야" 라고 말하세요. 이 연습에서 사용한 주문이나 여러분이 직접 만든 주문을 말해 보세요. 예를 들면, "내가 친절하기를 바랍니다. 내가 안식을 찾기 바랍니다. 내가 기쁨을 발견하기를 바랍니다" 등과 같은 문장이 될 수 있습니다.

연습 8

연결 지점

읽는 시간: 3분 | 연습 시간: 7분

때로는 감정을 깊이 느끼고 인식하는 것이 어려울 수도 있습니다. 그래서 이 연습을 포함한 이 책의 모든 연습은 우리의 감정과 더 쉽게 연결되도록 만들어졌습니다. 감정에 지배당하는 것처럼 느껴지는 건 이상한 게 아닙니다. 이번 연습은 여러분이 느끼는 감정 안에 고요하게 머무르고, 감정에 지배당하지 않는 법을 가르쳐 줍니다.

1. 명상하기에 편안한 자세를 취하고 타이머를 7분에 맞추세요.
2. 〈2+4 호흡〉을 1회 실시합니다. 처음에는 정확하게 무엇인지 정의하기 어렵더라도 지금 느끼고 있는 감정을 천천히 알아차려 보세요. 여러분 몸 어느 부위에서 그 감정이 느껴지는지 찾아보세요. 등에서 느껴지는 긴장감일 수도 있고 이마, 배, 가슴에서 느껴지는 톡톡 쏘는 듯한 통증이나 가려움일 수도 있습니다.
3. 몸에서 느껴지는 감각에 주목하면서 "나는 ~을 느낍니다"라고 말하며 그 감정에 이름을 붙입니다.
4. "나는 ~을 느낍니다"라고 소리 내어 말할 때마다 몸속의 그 감각에 이름을

붙여 주세요. 그 감정을 느끼는 동안 부정적인 면을 자연스럽게 흘려보내세요.

5. 〈2+4 호흡〉을 1회 더 실시하고 연습을 마칩니다. 전체 과정을 4번 반복하세요.

＊ 심화 연습

이 연습에 익숙해지고 능숙해지면, 10분 전체를 몸속에서 느껴지는 감정을 알아차리는 데 사용하세요. 여러분 몸속에 있는 감정을 그림으로 그리고 색칠도 해 보세요. '슬픈', '화나는', '행복한'과 같은 간단한 단어 외에 감정에 관한 어휘를 점차 늘려가 보세요. 내면의 감정을 조율하는 데 도움이 됩니다.

연습 9

1일 명상 복용

읽는 시간: 2분 | 연습 시간: 8분

명상은 여러분이 고요한 상태로 들어가는 것을 도와줍니다. 명상의 가장 좋은 점은 어렵게 할 필요가 없고, 꽤 즐거울 수도 있다는 것이에요. 간단하지만 그 혜택은 큽니다. 아침 기상 알람에 맞춰 마음을 고요하게 만드는 하루치 명상을 매일 복용해 보세요.

1. 침대에 등을 대고 편안하게 누우세요. 침대가 여러분 몸 전체를 포근하게 받쳐주고 있는 것을 느껴 보세요. 손을 배 위에 두고 호흡할 때 들숨과 날숨에 따라 배가 올라갔다 내려오는 것에 주목하세요.
2. 중간에 작은 흰 점이 있는 검은색 사각형 하나를 머릿속에 떠올려 보세요. 그 하얀 점에 집중하세요.
3. 〈2+4 호흡〉을 하면서 주의를 검은색 사각형으로 보냅니다. 그리고 다시 흰 점에 집중합니다. 네 번 반복합니다.
4. 〈2+4 호흡〉을 1회 더 하면서 몸을 포근하게 받쳐 주고 있는 침대로 주의를 보냅니다. 몸이 아주 가벼워지고 있다고 상상하세요. 4회 반복합니다.
5. 다시 〈2+4 호흡〉을 하면서, 주의를 자신의 몸으로 돌립니다. 따뜻한 온

기로 감싸인 몸을 상상하세요. 네 번 반복합니다.

6. 이제, 100부터 1까지 거꾸로 천천히 셉니다. ⟨2+4 호흡⟩을 마지막으로 한 번 더 하고, 연습을 마칩니다.

*** 심화 연습**

이 연습을 하는 동안 어떤 불쾌한 감각이 느껴졌다면 마음챙김 노트에 기록한 후, 그 페이지만 찢어 버리세요. 심호흡을 4회 합니다. 마음속으로나 소리 내어 "나는 편안하다; 나는 평화롭다; 나는 고요하다; 나는 안전하다"라고 말합니다.

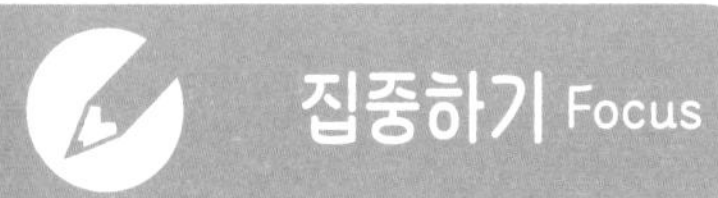

연습 10

상상하면 현실이 된다

읽는 시간: 3분 | 연습 시간: 7분

운동선수들은 종종 시합 전에 자신이 완벽하게 경기하는 모습을 상상하도록 훈련합니다. 많은 연구를 통해 긍정적인 감정과 생각은 긍정적인 결과와 밀접한 관계가 있다고 밝혀졌습니다. 긍정적인 생각과 감정을 유발하기 위해 시각화 기법을 활용할 수 있습니다. 예를 들어, 학교에서 발표를 해야 하는 상황이 온다면, 교실에서 발표하기 위해 서 있는 자기 모습을 시각화해 보세요. 여러분이 말하는 것에 열심히 귀 기울이고 있는 친구들의 모습을 상상하세요. 암기한 내용을 모두 잘 기억하고 발표하는 자기 모습을 상상하세요. 침착하고 자신 있게 말하고 있는 자신의 모습을 바라보세요. 발표를 마쳤을 때 박수치는 친구들을 상상하며 시각화를 마칩니다.

1. 타이머를 7분으로 맞추고 편안한 자세를 취하세요.
2. 〈2+4 호흡〉으로 연습을 시작합니다. 너무 어두워서 자신의 코 앞에 있는 손도 제대로 볼 수 없을 정도로 캄캄한 방을 상상하세요.

3. 〈2+4 호흡〉을 1회 더 합니다. 목표를 달성한 자신의 모습을 상상하세요. 그리고 목표를 이루기 위한 단계를 정하세요.

4. 마치 영화가 상영되는 것처럼, 목표를 이루기 위한 모든 단계가 완성되어 가는 모습을 머릿속에서 떠올리며 목표가 달성되는 장면을 그려 보세요.

5. 〈2+4 호흡〉을 1회 더 하고 연습을 마칩니다. 이 과정을 4회 반복한 후 천천히 눈을 뜹니다.

＊ 심화 연습

아침에 이 연습을 한 후 결과가 좋았다면, 밤에도 한번 해 보세요. 이 연습을 하기에 가장 좋은 때가 하루 중 언제인지 찾아보세요. 목표와 목표를 이루기 위한 단계, 그리고 이뤄낸 성공적인 결과를 노트에 적어도 좋습니다. 목표를 시각화한 후, 관련 내용을 자세히 적어 보는 것은 자신감을 갖게 하고 성공적인 결과를 많이 만들어 내는 데 도움이 됩니다.

연습 11

4개 연결하기 보드 게임

읽는 시간: 2분 | 연습 시간: 8분

어렸을 때 제가 가장 좋아한 보드게임은 '4개 연결하기'였습니다. 4가 뇌에 좋은 숫자인가 봅니다. 그래서 〈4스퀘어 호흡〉이 마음을 진정시켜주는 건지도 모르겠어요. 이 연습은 회피하는 감정과 다시 연결하고, 긍정의 길로 나아가도록 돕습니다.

1. 조용한 방으로 자리를 옮겨 바닥에 편안하게 앉을 수 있는 자리를 찾은 후 타이머를 8분에 맞춥니다.
2. 호흡에 주의를 집중합니다. 마음이 이리저리 방황한다면, 주의를 다시 호흡으로 가져옵니다. 이제 〈4스퀘어 호흡〉을 1회 합니다.
3. 마음을 찬찬히 살피면서 불쾌한 생각이나 감정을 알아차립니다. 그런 생각과 감정에 집중하세요. 〈4스퀘어 호흡〉을 1회 더 하세요.
4. 불쾌한 감정이나 생각에 주의를 기울일 때, 몸에서 느껴지는 감각에 주목하세요. 이제 〈4스퀘어 호흡〉을 1회 더 실시합니다.
5. 푸른 꽃이 줄지어 피어 있는 길, 길 끝을 환하게 비추고 있는 빛을 상상하세요. 〈4스퀘어 호흡〉을 1회 더 합니다.

6. 길 끝의 밝은 빛으로 들어가 몸이 따뜻해지는 상상을 하세요. 이제, 마지막 〈4스퀘어 호흡〉을 마지막으로 1회 더 실시합니다.

＊심화 연습

이 명상을 마칠 때, 몸이 따뜻해지고 이완되는 것을 느꼈나요? 상상했던 그 길을 노트에 그려 보세요. 꽃이 피어 있고, 길 끝에서 환한 빛이 비치며, 길 위에 꽃잎이 떨어져 있는 모습을 그립니다. 꽃잎에는 연습 중에 느꼈던 부정적인 감정을 하나씩 적어 보세요. 꽃길에 떨어진 꽃잎에 여러분이 느끼고 있는 불쾌한 감정을 단어로 적어 보세요. 다음에는 안전한 장소에서 촛불을 켜 놓거나, 라벤더나 스피어민트 에센스 오일을 손목에 바르고 10분 정도 이 연습을 해 보세요.

연습 12

현명한 메뚜기

읽는 시간: 2분 | 연습 시간: 8분

자신의 감정을 인정하고 감정에 반응하는 시간을 가지면 하루를 더 건강하게 보낼 수 있습니다. 현명한 마음은 감정을 인정하고 수용합니다. 감정을 회피하지 말고, 감정을 하나의 정보로 생각할 수 있다면 우리는 보다 자유로워질 수 있을 거예요. 어떤 감정도 영원히 지속되지 않는다는 것을 기억하세요. 가장 행복했던 순간도 영원하지 않듯이, 슬픔이나 절망의 순간도 결국은 다 지나갑니다. 그래서 마음챙김이 중요합니다. 마음챙김은 우리를 지혜롭게 만듭니다.

1. 조용한 장소에 서서 타이머를 8분에 맞춥니다.
2. 평소에 덜 사용하는 한쪽 다리로만 서세요. 다른 쪽 다리는 접어 발바닥을 서 있는 다리의 무릎 옆에 붙입니다. 양손 손바닥을 가슴 높이에서 마주하고 기도하는 자세를 취합니다. 어깨와 가슴을 곧고 바르게 펴서 움직이지 않고 꼿꼿이 설 수 있게 합니다. 이것이 메뚜기 자세입니다.
3. 이제 〈4스퀘어 호흡〉을 1회 합니다. 마음속으로나 소리를 내어 "나는 현명하다. 나는 모든 감정을 받아들인다. 나는 지혜롭게 반응한다"라고 말

합니다.

4. 다시 〈4스퀘어 호흡〉을 1회 합니다. 지금 느껴지는 감정이 긍정적이든 부정적이든 상관없이 느껴지는 그대로의 감정에 주의를 기울이세요. 주의를 다시 호흡으로 가져오세요. 시간이 다 될 때까지 몸을 바로 세우고 움직임 없이 계속 서 있습니다.

*** 심화 연습**

8분 내내 같은 자세를 유지할 수 있었나요? 연습하는 동안 마음에 일어난 모든 감정을 자신이 어떻게 다루었는지 떠올리며 그 경험을 노트에 기록해 보세요. 모든 감정을 받아들일 수 있었고, 그 감정들이 모두 언젠가 지나갈 것임을 깨달을 수 있었나요?

연습 13
기쁨의 꽃이 피는 아침 샤워

읽는 시간: 2분 | 연습 시간: 8분

이 연습은 우리가 매일 하는 아침 일상에 포함할 수 있어요. 이 명상으로 기쁨과 행복이 샘솟는 아침을 만들 수 있습니다. 마음을 평안하게 만들어 주는 샤워 명상으로 영감을 불러오고 걱정을 씻어내어 보세요.

1. 아침 샤워를 시작할 때 타이머를 8분에 맞추세요. 따뜻한 물이 몸에 흘러내릴 때 불안, 스트레스, 걱정도 함께 씻겨 낸다고 상상하세요.

2. 그다음, 물이 닿는 몸의 각 부분을 알아차리세요. 이제 샤워 타월이나 스펀지에 향기로운 비누로 거품을 내서 코에 가까이 가져가세요. 숨을 들이마시며 향기를 맡으세요.

3. 몸 구석구석 스펀지나 샤워 타월로 문질러 닦아 내기 시작하세요. 비누가 우리 생활의 모든 스트레스를 씻어 낸다고 상상하세요. 두려움, 분노, 걱정, 후회나 다른 불쾌한 생각이나 감정이 모두 비누와 물로 씻겨 나간다고 상상하세요. 이제 비누칠을 헹궈냅니다.

4. 심호흡을 4회 하세요. 마음속으로 혹은 소리를 내어 “나는 깨끗하고 상쾌

하다. 나는 걱정 없이 하루를 시작할 준비가 되었다"라고 말하세요.

* 심화 연습

평소보다 기분이 좋고, 마음이 편안하며, 오늘 하루 일어날 일을 잘 다룰 수 있는 준비가 되었다는 느낌이 들었나요? 다음에는 샤워할 때 하루를 위한 충전을 하고 있다고 상상해 보세요. 스펀지나 샤워 타월로 몸을 문지를 때 힘과 자신감이 몸 안에 들어온다고 상상해 보세요. 활력과 자신감을 주는 긍정적인 주문(만트라)을 만들어 보세요. '걱정 씻어내기'와 '자신감으로 몸을 충전하기' 중 어느 것이 더 마음에 와닿고 도움이 되는지 생각해 보세요.

연습 14

레이저 포인터

읽는 시간: 2분 | 연습 시간: 8분

집중력은 중요한 기술입니다. 특히 과학기술의 발전으로 우리의 주의를 분산시키는 방해물이 언제 어디에나 널려 있는 지금의 세상에서는 더욱 그렇습니다. 과거에는 사람들이 휴대전화기 없이도 공원에 앉아 구경하거나 식당에서 대화를 즐기는 것에 만족할 수 있었습니다. 집중력이 향상되면 더 자신감 있고 의욕적이며 사려 깊은 사람이 될 수 있습니다.

1. 양반다리를 하고 침대 위에 편안히 앉습니다. 타이머를 8분에 맞추고, 방에서 집중할 곳 하나(벽에 걸려 있는 그림이나 서랍장 위의 물건)를 선택하세요. 거기에 집중하면서 〈4, 7, 8 호흡〉을 실시합니다.

2. 손바닥을 가슴 높이에서 마주 대어 기도하는 것과 같은 자세를 취합니다. 여러분 머리에서 나온 줄이 어깨는 뒤로 당기고, 가슴은 살짝 들어 올리면서 몸을 위로 당겨 앉은키를 늘려준다는 상상을 하세요. 선택한 대상에 다시 집중하세요.

3. 〈4, 7, 8 호흡〉을 실시합니다. 마음속으로 혹은 소리를 내어 “나는 집중한다, 나는 집중한다, 나는 집중한다”라고 말하세요.

4. 집중했던 대상으로 다시 주의를 돌리세요. 타이머가 울릴 때까지 평소대로 호흡하세요. 주의가 흐트러질 때, 비판이나 부정적인 평가 없이 선택한 대상에 다시 주의를 집중하세요.

*** 심화 연습**

집중이 잘 되었나요? 이번 주에는 휴대전화기를 10분 동안 내려놓고, 주변의 공간으로 주의를 돌려 관찰하는 시간을 몇 차례 가져 보세요. 한 주 동안 수업에 집중하는 능력에 어떤 변화가 있었는지 노트에 적어 보세요.

연습 15

미소로 하루 맞이하기

읽는 시간: 2분 | 연습 시간: 8분

저의 어머니는 “최상의 컨디션이 아닐 때도, 최상의 컨디션인 것처럼 보이도록 노력해라”라고 제게 늘 말씀하셨어요. 자신이 아끼고 좋아하는 옷을 입었을 때 기분이 좋아졌던 경험이 있나요? 미소에 관해서도 똑같아요. 미소가 우리의 기분에 미치는 효과는 과학적으로도 증명되었어요. 미소를 짓는 것은 마치 마음속에서 파티를 하는 것과 같아요. 미소 지을 때, 뇌는 좋은 기분의 전령인 도파민, 엔도르핀, 세로토닌을 만들어 낸답니다. 이들은 우리를 행복과 기쁨의 상태로 만들어 줍니다. 아침에 잠에서 깼는데 기분이 그다지 좋지 않게 느껴지는 날이 있다면, 이 연습으로 하루를 시작해서 자신에게 행복을 선물하고 기분을 밝게 만드세요.

1. 욕실 세면대로 가서 온수를 트세요. 타이머를 8분에 맞춥니다.
2. 따뜻한 물이 나오기 시작하면 〈2+4 호흡〉을 합니다. 그러면서 거울 속 자신의 모습을 보고 미소 지으세요.

3. 손을 따뜻한 물에 담그세요. 어떤 느낌이 드나요? 거울을 보고 자신에게 부드럽게 미소 지으세요. 내면의 자신에게 주의를 집중합니다. 물을 잠그세요.

4. 〈2+4 호흡〉을 하면서 따뜻한 손을 뺨에 대세요.

5. 다시 〈2+4 호흡〉을 하면서 따뜻한 한 손은 이마에, 다른 한 손은 배에 대세요.

6. 마음속으로 혹은 소리 내어 "나는 하루를 행복으로 맞이합니다. 내가 사람들에게 행복을 줄 수 있기 바랍니다"라고 말합니다.

* 심화 연습

한 사람을 행복하게 해 주는 것을 오늘의 목표로 삼아 보세요. 오늘 밤, 일기를 쓸 때 무엇이 나를 행복하게 만들었는지, 다른 누군가의 행복을 위해 한 일은 무엇인지 떠올리세요. 자신과 다른 사람의 행복을 위해 무엇을 하였는지 생각하는 것입니다. 자신과 다른 사람을 행복하게 해 주겠다는 의도를 가지고 하루를 시작하고, 실제로 그러기 위해 얼마나 노력했는지 생각해 보세요.

연습 16

행복으로 가득 찬 마음

읽는 시간: 2분 | 연습 시간: 8분

매일 모든 순간에 감사하는 마음을 갖기는 어렵습니다. 하지만 정신없이 바쁘거나 우여곡절이 많은 날에도 즐거운 순간을 포착하고 긍정적인 감정에 초점을 맞추는 법을 배우는 것은 중요합니다. 좋은 일이 평소보다 적은 날에도 긍정적인 것을 발견하도록 마음을 단련할 수 있습니다. 지금, 이 순간 마음의 소리에 귀를 기울이고 집중한다면, 힘든 날에도 더 많은 기쁨과 행복, 그리고 충족감을 느낄 수 있을 거예요.

1. 방 안에 서서 타이머를 8분에 맞춥니다.
2. 〈2+4 호흡〉으로 연습을 시작합니다. 방 안을 천천히 걷거나 옷장을 열어, 자신이 갖고 있는 물건들에 감사하는 마음을 가집니다. 각각의 물건을 방에 처음 들였던 순간을 떠올립니다. 그때의 만족감과 기쁨을 느낍니다.
3. 다시 〈2+4 호흡〉을 하면서 짜릿한 기쁨을 느끼게 하는 물건을 하나 집어 들고, 마음속으로 혹은 소리 내어 "내게 기쁨을 줘서 고마워"라고 말합니다.

4. 시간이 다 될 때까지, 다른 물건을 골라 3의 과정을 반복합니다.

*** 심화 연습**

자신이 느꼈던 즐거웠던 기분을 다시 떠올리는 시간을 가지세요. 행복해지나요? 노트에 기쁨과 행복을 가져다준 물건에 관해 적어 보세요. 아니면 그 물건을 준 사람에게 감사의 편지를 써 보세요.

연습 17

내가 좋아하는 것들

읽는 시간: 2분 | 연습 시간: 8분

어린 시절 여러분 마음을 편안하게 만들어 주었던 물건이 있었나요? 인형이나 담요와 같은 것 말이에요. 좋아하는 물건은 우리의 마음을 차분하게 만들어 줍니다. 이번 연습은 마음이 요동치는 순간을 위한 것입니다. 단순히 좋아하는 물건 목록을 만드는 것만으로도 마음을 진정시키는 효과가 있다는 것을 보게 될 거예요.

1. 눕거나 앉을 수 있는 편안한 곳을 찾으세요. 타이머를 8분에 맞춥니다.
2. 〈2+4 호흡〉으로 연습을 시작합니다. 좋아하는 영화, 드라마, 책 또는 노래 네 가지를 마음속으로나 소리 내어 말하세요.
3. 다시 〈2+4 호흡〉을 1회 합니다. 좋아하는 동물 네 가지를 마음속으로 혹은 소리 내어 말하세요.
4. 다시 〈2+4 호흡〉을 1회 합니다. 이번에는 좋아하는 색깔 네 가지를 마음속으로 혹은 소리 내어 말하세요.
5. 다시 〈2+4 호흡〉을 1회 합니다. 자신에게 소중했던 추억 네 가지를 마음

속으로 혹은 소리 내어 말하세요.

6. 마지막으로 〈2+4 호흡〉을 1회 합니다. 시간이 다 될 때까지 평소대로 호흡을 하며 호흡에 주의를 보냅니다.

＊심화 연습

연습을 마친 후, 자신이 좋아하는 것 각각에 관해 가능한 자세하고 많이 적어 보세요. 자신이 좋아하는 것으로 비전 보드(vision board)를 만들어 방에 걸어 두면 어떨까요? 불안하고 초조한 날이면, 마음이 진정되고 편안해질 때까지 비전 보드를 쳐다보세요.

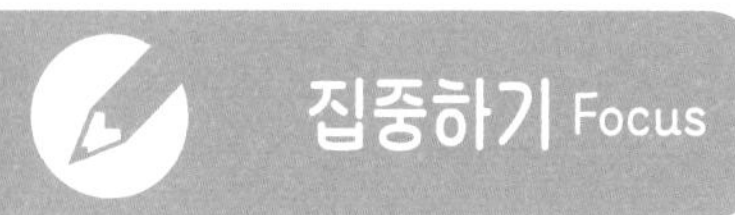

연습 18

유리구슬*

읽는 시간: 2분 | 연습 시간: 8분

아침에 잠에서 깰 때 정신이 맑지 않고 몽롱하거나, 해야 하는 일에 집중하기 힘들었던 적이 있나요? 이번 연습은 주의 집중을 돕고 활력을 제공하며 현재에 집중할 수 있도록 해줄 거예요. 이 연습에는 구슬 한 줄이 필요합니다. 그리고 불 호흡(Fire Breath)이라는 것도 배우게 됩니다. 〈불 호흡〉은 앞서 호흡에 관해 설명한 부분에 포함되지 않았어요. 새로운 호흡법이어서 익숙해지려면 여러 번 연습이 필요할지도 몰라요. 그러나 너무 걱정하지 마세요. 마음챙김에 도움이 되는 또 하나의 기법을 배우게 될 테니까요.

1. 바닥에 양반다리 자세로 편하게 앉습니다.
2. 구슬이 꿰어 있는 줄을 오른손 엄지와 검지로 잡고 눈높이로 올립니다. 엄지와 검지로 구슬을 하나씩 굴립니다. 배의 긴장은 풀고, 입은 다뭅니다.
3. 코로 가벼운 숨을 빠르게 들이쉬고 빠르게 내쉽니다. 이런 호흡을 10번 반복합니다. 숨을 들이쉴 때 배꼽에 공기를 주입하는 느낌으로, 내쉴 때는 공기를 빼내는 느낌으로 합니다.

4. 구슬이 꿰어 있는 줄을 양 손바닥 사이에 두고 눈높이로 올립니다. 손바닥으로 구슬을 빠르게 비빕니다. 배의 긴장을 풀고 입은 다뭅니다. 3 단계의 호흡을 10번 반복합니다.

5. 다시 구슬이 꿰어 있는 줄을 왼손의 엄지와 검지로 잡고 눈높이로 올립니다. 엄지와 검지로 구슬을 하나씩 굴립니다. 배의 긴장은 풀고, 입은 다뭅니다. 3 단계의 호흡을 10번 반복합니다.

6. 호흡 속도를 늦춥니다. 숨을 들이쉬면서 구슬 하나를 엄지와 검지로 굴리세요. 숨을 내쉬면서 다음 구슬로 옮겨 가 마찬가지로 엄지와 검지로 굴립니다. 이와 같이 숨을 들이쉬고 내쉬면서 모든 구슬을 하나씩 똑같은 방식으로 굴립니다.

*** 심화 연습**

밖으로 나가 이 연습을 해 보세요. 자연 속에서 이 연습을 할 때 더 잘 되는지 관찰해 보세요. 집중이 더 잘 되었나요, 아니면 집중하기 더 힘들었나요?

---

* Fire Beads, 일종의 강화 유리로 벽난로나 야외용 난로를 장식하는 데 쓰입니다. 이 구슬들은 난로에서 뿜어져 나온 부탄가스는 줄여주되 불꽃들은 반사해 우리를 해로운 물질로부터 보호하는 동시에 불꽃에서 나오는 온기를 극대화 해 줍니다. _옮긴이 주

연습 19

직감

읽는 시간: 3분 | 연습 시간: 7분

의사결정을 할 때 뇌는 논리적이고 비판적인 생각은 물론 감정까지 활용합니다. 그래서 직감을 믿고 따라야 할 때가 언제인지를 아는 것은 아주 중요합니다. 이 연습은 직감을 이해하고 잘 활용할 수 있게 돕습니다.

1. 타이머를 7분에 맞추고 침대에 몸을 푹 가라앉히듯 눕습니다.

2. 〈4, 7, 8 호흡〉을 하며 연습을 시작합니다. 최근에 미뤘거나 하기 싫었던 일 혹은 문제를 떠올려 보세요. 그 상황으로 들어가 보세요. 몸에서 느껴지는 어떤 감각이 있나요? 뭔가 찜찜함이 느껴지는 몸의 부위가 있는지 관찰해 보세요. 그 느낌을 표현할 수 있는 색깔이나 촉감, 단어를 떠올려 보세요.

3. 이런 경험에 계속 머무르면서, 〈4, 7, 8 호흡〉을 다시 합니다. 이제 그 경험의 부정적인 부분을 흘려보내세요. 검은색 벽을 머릿속에 하나 그리고, 자신이 "좋아"라고 말하며 해야 할 일을 제시간에 끝냈던 경험을 떠올리세요. 그 경험으로 들어가세요. 몸에서 일어나는 감각을 느껴 보세요. 그 느낌을 표현할 수 있는 색깔이나 촉감, 단어를 떠올리세요.

4. 그 느낌이 몸 어디에 존재하는지 인지하면서, 긍정의 의미로 고개를 네 번 끄덕입니다. 그 경험에 계속 머무르면서, 〈4, 7, 8 호흡〉을 하세요. 몸이 자신에게 얼마나 많은 것을 말해 주고, "아하!"하는 깨달음을 주는지 알아차려 보세요. 손바닥을 마주하면서 가슴 중앙에 놓습니다. 몸에게 고맙다고 말하면서 한 번 더 고개를 끄덕입니다.

5. 평소처럼 호흡합니다. 시간이 다 되면 연습을 마칩니다.

*** 심화 연습**

자신이 알아차린 감정과, 그 감정이 몸에 어떤 느낌으로 전해졌는지 노트에 적어 보세요. 다른 사람과 서로의 직감에 관해 얘기해 보세요. 자기 직감이 맞는지 시간을 두고 기록하고 관찰하세요. 여러분은 직감을 어떻게 알아차리고 활용했는지, 그리고 직감이 여러분에게 말한 것은 무엇인지 생각해 보세요.

연습 20

잡았다 놓아주기

읽는 시간: 3분 | 연습 시간: 7분

낚시를 하며 잡은 물고기를 다시 물속으로 놓아준 적이 있나요? 불쾌한 감정도 이와 비슷한 방식으로 다룰 수 있답니다. 불쾌하거나 불편한 감정이 일어날 때, 있는 그대로 느끼고 인정한 후, 흘려보내는 것입니다. 이렇게 하는 것은 그 감정을 피하거나 억누르는 것보다, 그 감정을 견뎌내고 변화시키는 데 훨씬 효과적입니다. 불쾌한 감정을 인식하고 흘려보내기 위해 줄임말 FISH(Find: 발견하다, Identity: 확인하다, Summon: 소환하다, Hold: 붙잡는다)를 사용해 보세요.

1. 타이머를 8분에 맞추고 침대에 편안하게 눕습니다. 손을 배꼽 위에 살포시 올립니다.
2. 〈2+4 호흡〉으로 연습을 시작합니다.
3. 찾기(Find): 불쾌하거나 불편한 감정을 찾아봅니다.
4. 확인하기(Identify): 그 감정이 몸의 어느 부위에서 느껴지는지 확인합니다.

5. 소환하기(Summon): 그 감정이 일어나게 한 경험을 떠올려 보세요. 어젯밤 부모님과 언쟁이 있었나요? 자고 있는데 동생이 기분이 나쁘게 깨웠나요? 오늘 걱정되는 일이 있나요?

6. 붙잡기(Hold): 그 느낌을 몸에 잠시 붙잡아 두세요. 이제 그 감정을 강 속으로 던져버리고 그 감정이 멀리 떠내려가는 장면을 상상하세요.

7. 다시 〈2+4 호흡〉을 하세요. 천천히 흐르는 강물의 평화로운 고요함 속에서 호흡하는 시간을 가지세요.

8. 시간이 다 될 때까지 〈2+4 호흡〉을 반복하세요.

*** 심화 연습**

어떤 감정과 생각 때문에 깊은 고통과 상처를 받았다면, 잠시 시간을 내어 다음의 질문을 노트에 적어 보세요. 누구에게도 말하지 못하고 홀로 겪고 있는 고통은 무엇인가요? 도움이나 이해를 받기 위해 고민을 털어놓을 수 있는 사람이 몇 명이나 있나요? 그건 누구인가요? 참을 수 없다고 생각하는 부당한 일이 있나요? 부당함을 해결하고 스스로 치유하기 위해 할 수 있는 행동은 무엇인가요? "나는 나의 고통과 불쾌한 감정에 갇히지 않을 것이다"를 마음속으로 혹은 소리 내어 네 번 반복해 보세요.

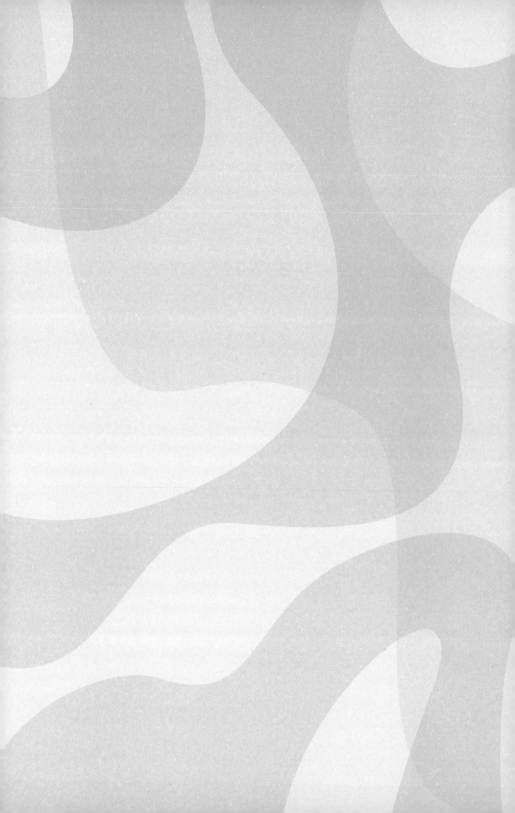

2부

한낮의 마음챙김

여러분의 하루는 어떤가요?

우리는 마음챙김을 통해 얻을 수 있는 것이 많습니다. 하버드대학교 연구자들은 마음챙김이 전반적인 정신 능력을 향상한다는 사실을 자기공명영상 장치를 사용하여 밝혀냈습니다. 더 중요한 발견은 명상과 마음챙김이 마음을 진정시키는 효과를 만들어내는 뇌의 전기 활동에 깊은 영향을 미친다는 것입니다. 매일 명상이나 마음챙김 연습을 한 사람들은 전반적으로 긴장, 불안, 짜증이 줄었다고 보고했습니다.

잠깐 시간을 내어 하루가 어떻게 흘러가고 있는지 알아차려 보세요. 아침에 일어난 후 시간이 지날수록 기운이 없어지는 것은 당연합니다. 다양한 연습으로 에너지를 재충전해 보세요. 아무리 바쁘고 힘든 날이어도, 활력과 함께 집중력을 강화할 수 있도록 도와줄 거예요.

무엇을 변화시키고 싶나요?

우리에게는 감정과 주변 환경을 바꿀 수 있는 선택권이 있어요. 어떤 삶을 살지 결정하고, 마음챙김 습관을 만들어가는 노력을 해 보세요. 불쾌한 생각과 감정이 일어날 때 그것을 알아차리고 인정해 보세요. 즐거운 생각과 좋은 감정을 인식하는 시간을 규칙적으로 가져 보세요. 지금까지 해왔던 것과 다른 방식으로 불쾌한 생각과 감정에 반응하는 법을 배운다면, 그것들이 여러분의 삶을 점점 덜 통제한다는 것을 발견할 거예요. 다음 연습을 통해 마음챙김은 선택이라는 것을 이해하게 될 거예요. 우리는 모든 감정을 인정하고, 그 감정이 우리에게 미치는 영향도 선택할 수 있답니다.

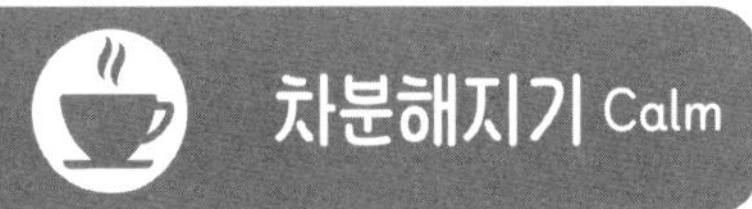

연습 21

PETS 명상

읽는 시간: 2분 | 연습 시간: 8분

반려동물pets은 우리에게 기쁨과 행복을 주고 스트레스 해소에 도움을 줍니다. 학교에서 평소보다 많은 스트레스나 중압감을 느낄 때, 'PETS(Push, Emotions, Thoughts, Sensations) 연습'을 해 보세요. 지혜의 마음으로 불쾌한 생각이나 감정으로부터 거리를 두는 기술을 개발해 보세요.

1. 쉬는 시간 혹은 점심시간 중, 타이머를 8분에 맞추어 놓고 교정이나 휴게 공간 주변을 걸으세요.
2. 〈2+4 호흡〉으로 연습을 시작합니다.
3. Push: 여러분이 지금 가지고 있는 고민거리를 잠깐 옆으로 치워 두세요. 걱정을 사물함에 넣고 잠그는 상상을 해 보세요. 지금은 문제에 문을 닫아 버리는 시간입니다. 물론 잘 판단해야 합니다. 여러분의 문제나 걱정거리가 지금 당장 해결할 수 없는 것이라면 그것에 대해 너무 많이 생각하는 것은 지금, 이 순간 필요한 일에 써야 할 에너지를 다른 데에 소모하는 것입니다. 마음속으로 혹은 소리 내어 말해 보세요. "지금 이것이 문제가 아니야. 이건 내일이나 나중에 생각하자."

4. Emotions: 마음은 행동의 영향을 받아요. 지금 하는 것과 다른 활동을 하면서 현재 느끼고 있는 감정이나 기분을 바꿔 보세요.

5. Thoughts: 어떤 생각을 하느냐가 중요합니다. 긍정적인 생각에 집중하면서 우울하거나 불안한 기분에서 벗어나 보세요. 다가오는 주말이나 휴일에 할 수 있는 뭔가 신나는 일을 떠올려 보세요.

6. Sensations: 새로운 감각은 불쾌한 기분이나 생각을 바꾸게 하는 데 큰 도움이 됩니다. 사탕을 먹거나 껌을 씹거나, 좋은 향기를 맡아 보세요.

7. 걱정거리나 문제가 사물함에 갇혀 있다는 사실을 다시 한번 떠올리세요.

8. 〈2+4 호흡〉을 1회 하면서 연습을 마무리하세요. 고요한 마음이 부정적인 생각과 감정을 씻어 냈다는 사실을 알아차리세요.

*** 심화 연습**

이 연습을 하굣길에 다시 한번 해 보세요. 모든 걱정과 스트레스를 넣어 둘 수 있는 가상의 상자가 있다고 생각해 보세요. 이 상자 덕분에 여러분은 고민 없이 편안한 상태로 학교를 나서 집으로 옵니다. 집에 도착해서 이 상자를 선반 위에 보관해 둡니다. 이 상자를 그대로 보관할 수도 있고, 마음챙김 능력이 향상되었을 때 상자를 열어 그 안에 넣어 두었던 고민이나 문제를 마주해 해결책을 모색하며, 관련된 감정이나 생각을 다룰 수도 있습니다. 이렇게 선택할 수 있는 것이 이 연습의 특히 좋은 점입니다.

연습 22

사물 명상

읽는 시간: 3분 | 연습 시간: 7분

여러 가지 생각이 꼬리에 꼬리를 물면서, 길을 잃은 것 같은 느낌이 든 적 있나요? 사물 명상은 주의 집중력 향상을 도와주는 기법입니다. 이 연습은 한 물건의 세부적인 특징을 알아차리는 데 주의를 집중시킵니다. 이 연습을 통해 우리는 현재에 초점을 맞추고 현재에 집중하는 능력을 향상할 수 있어요. 주변의 모든 물건을 대상으로 할 수 있지만, 눈에 쉽게 들어오는 물건이나 특이한 질감과 형태를 가진 물건이 더 좋아요.

1. 조용한 장소를 찾아 타이머를 7분에 맞추세요. 〈4스퀘어 호흡〉을 1회 한 후, 주변의 물건을 하나 선택하여 주의를 기울입니다. 잠깐 그 물건에 집중하세요.
2. 물건의 특징을 관찰합니다.
3. 물건의 표면이 매끈매끈한지 까칠한지를 살핍니다. 솟아난 부분이나 움푹 팬 부분이 있는지, 딱딱한지 부드러운지, 빛은 물건의 어느 부분을 비추고 있는지, 투명한지 불투명한지 등을 확인하세요.

4. 〈4스퀘어 호흡〉을 1회 더 하면서 호흡과 다시 연결되는 시간을 가집니다. 전체 과정을 3회 더 하거나 시간이 다 될 때까지 반복합니다.

*** 심화 연습**

한 물건에서 정말로 많은 세부적인 특징을 찾아낼 수 있었다는 게 놀랍지 않나요? 적당한 물건을 찾을 수 없다면 시각화 방법을 활용해 보는 것도 좋아요. 예를 들면, 산 정상에서 밤하늘을 바라본다고 상상하세요. 도시가 내뿜는 빛의 공해가 적을수록 별과 달이 얼마나 밝게 빛나는지 알아차려 보세요. 달과 별이 쏟아내는 빛에 대해 생각해 보세요. 밤하늘을 상상하면서 평온과 고요함을 느껴 보세요. 별 주위의 어두운 공간도 떠올려 보세요.

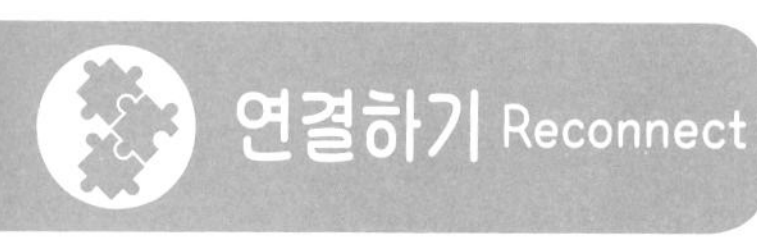

연습 23

좋은 것, 나쁜 것, 못난 것 모두 끌어안기

읽는 시간: 3분 | 연습 시간: 7분

감정은 좋고 나쁜 것으로 간단히 규정할 수 없습니다. 말하자면 감정은 '좋다'와 '나쁘다'를 양극으로 하는 스펙트럼 어딘가에 존재하는 것입니다. 우리가 '나쁘다'라고 꼬리표를 붙인 감정을 무시하거나 밀쳐내거나 혹은 그로부터 도망친다면 자신의 한 부분을 부정하는 것입니다. 소위 나쁘다고 하는 감정도 잘 살펴보다 보면 그렇게까지 나쁘지는 않다는 것을 알게 될 거예요. 오히려 부정적인 감정을 자비로운 눈으로 바라볼 수 있으며, 이러한 감정이 세상을 헤쳐 나가는데 유용한 도구가 된다는 사실을 깨닫기도 할 거예요. 이 연습을 통해 어쩌면 밀쳐내고 있을 부정적인 감정들과 연결되는 시간을 가져보도록 해요.

1. 조용한 장소를 찾아 바닥에 발을 굳게 딛고 의자에 앉은 후 타이머를 7분에 맞춘 다음 눈을 감고 〈4스퀘어 호흡〉을 시작하세요.

2. 오늘 경험한 불쾌한 감정을 마음에 떠올려 보세요. 불안, 걱정, 근심이나 슬픔이 될 수 있겠지요. 숨을 들이쉬면서 이 감정을 끌어안는 자신의 모습을

상상합니다. 마치 진공청소기가 먼지를 빨아들이듯 감정을 들이마시는 장면을 머릿속에 그려 보세요.

3. 〈4스퀘어 호흡〉을 계속하면서, 세상 누구나 때로는 이러한 불쾌한 감정을 느낀다는 사실을 떠올리세요. 숨을 들이마시며 이 감정을 받아들이고 내 주변에서 제거한다고 상상해 보세요. 이 감정을 들이마시는 것이 이 세상과 여러분의 하루가 이 불쾌한 감정에 반응하는 수고를 덜어준다고 생각해 보세요.

4. 이제 숨을 내쉬면서 기쁨, 행복, 평화, 친절, 안도와 같은 좋은 감정을 내쉰다고 상상하세요. 좋은 감정들이 마치 따뜻한 분홍색 구름처럼 자기 주위 공간을 가득 채운 모습을 머릿속에 그려 보세요.

5. 나쁜 감정은 들이마시고 좋은 감정은 내쉬면서 〈4스퀘어 호흡〉을 4회 더 반복하세요.

*** 심화 연습**

연습을 하면서 알아차린 것이 있나요? 가슴에 긴장과 답답함을 느꼈다면, 여러분의 폐와 심장이 점점 커져서 그 불편한 감정을 감싸 안아주는 상상을 해 보세요. 사랑과 친절이 그 느낌을 부드럽게 감싸주는 듯한 모습을 떠올려 보세요. 이제 불편하거나 불쾌한 감정을 조금 더 쉽게 받아들일 수 있게 되었나요? 불편한 감정, 그 감정을 대하는 친절과 자비심, 점점 늘어나는 좋은 감정을 그림으로 표현해 보세요. 색깔로만 표현하는 추상화도 좋습니다.

연습 24

중요한 알림 메시지

읽는 시간: 2분 | 연습 시간: 8분

현대 사회에서는 휴대전화기가 끊임없이 소음을 만들어 냅니다. 휴대전화기에서 울리는 알림 음을 듣는 순간, 우리 주의는 분산됩니다. 어쩌면 소셜미디어에 올린 자기 일상에 대한 사람들의 반응이 궁금해, 앱에 들락날락하고 있을지도 모릅니다. 우리에게 중요한 이 알림 음이 종종 스트레스를 유발하거나 우울감을 초래하기도 합니다. 소셜 미디어를 계속 확인해도 자신이 올린 글을 아무도 읽지 않았거나 매우 적은 사람만이 반응했다는 것을 알게 되는 경우가 많습니다. 우리에게 가장 중요한 알림은 우리의 감정이 아닐까요? 감정은 우리에게 필요한 정보를 제공합니다. 때로는 멈추고(STOP), 주의를 기울여야 합니다.

1. 조용한 장소를 찾아 바닥에 발을 굳게 딛고 의자에 앉은 후 타이머를 8분에 맞춥니다.
2. S(Stop) 생각 멈추기: 정확하게 표현하자면 생각을 일시 정지 상태가 되게 합니다. 핵심은 생각을 잠시 쉬는 것입니다.

3. T(Take time to breathe) 천천히 호흡하기: 〈2+4 호흡〉을 하세요.

4. O(Observe) 관찰하기: 눈에 보이는 다섯 가지, 만질 수 있는 네 가지, 들리는 소리 세 가지, 냄새 맡을 수 있는 두 가지, 맛볼 수 있는 한 가지를 골라 각각의 감각에 집중합니다.

5. P(Proceed) 진행하기: 지금, 이 순간 자신의 생각과 느낌에 주의를 기울입니다. 그 생각과 감정에 따라 적절한 선택과 결정을 내리세요.

6. 호흡에 주의를 집중하면서 〈2+4 호흡〉을 1회 더 합니다.

7. S(Smile) 미소 짓기: 천천히 밝은 미소를 지어 보세요.

8. T(Take time to breathe) 천천히 호흡하기: 〈2+4 호흡〉을 하세요.

9. O(Open) 열기: 마음을 활짝 열고 지금, 이 순간을 깊이 느껴 보세요.

10. P(Praise) 칭찬하기: 자신의 감정과 연결하기 위해 시간을 보낸 자신을 칭찬하세요.

11. 호흡에 주의를 집중하면서 다시 〈2+4 호흡〉을 1회 한 후 연습을 마칩니다.

*** 심화 연습**

친구에게 이 연습을 함께 하자고 제안해 보세요. 1주일 동안 해 본 다음, 어떤 효과가 있었는지 같이 얘기해 보세요.

연습 25

자기 돌봄 행동

읽는 시간: 3분 | 연습 시간: 7분

자신을 돌본다는 것은 걱정과 스트레스에서 벗어나 짧은 휴가를 떠나는 것과 같습니다. 준비해야 할 것이 조금 있지만 시간을 들일 만한 가치가 있습니다. 지퍼백을 하나 준비해서 다음과 같은 물건으로 채워 보세요. 향기 좋은 립밤, 민트, 추잉검, 막대사탕, 라벤더 오일, 스피어민트 오일, 향기로운 로션이나 바디케어 제품. 이 꾸러미를 가방이나 배낭에 넣으세요. 스트레스를 받는 날이면 다음과 같이 자기 돌봄 연습을 합니다.

1. 앉거나 걷기에 좋은 조용한 장소를 찾아 타이머를 7분에 맞춥니다. 자기 돌봄 행동 꾸러미에서 민트, 추잉검, 막대사탕 중 하나를 선택하고 〈4, 7, 8 호흡〉을 시작합니다.

2. 선택한 것을 바라보세요. 포장지에 싸여 있다면 그것을 천천히 벗깁니다. 소리, 색깔, 모양, 밀도 등을 알아차려 보세요. 향을 맡고, 무슨 향인지 생각해 보세요. 입속에 넣으세요. 향미를 느끼세요. 입안에서 굴려 보세요. 감각과 질감을 느껴 보세요.

3. 다음은 바디 케어 제품 중 하나를 선택한 후 〈4, 7, 8 호흡〉을 합니다. 바디 케어 제품의 뚜껑을 열고, 코로 가까이 가져와 향을 맡아 보세요. 어떤 향이 나는지 느껴 보세요. 바디 케어 제품을 몸에 발라 주세요. 몸에 바를 때 느껴지는 감각을 알아차립니다. 피부나 입술에 어떤 변화가 있는지 알아차립니다. 숨을 깊이 들이쉬며 향기를 맡습니다.

4. 〈4, 7, 8 호흡〉을 1회 더 하고 연습을 마칩니다.

* 심화 연습

몸과 마음이 이완되었나요? 짧은 휴가를 떠난 것처럼 느껴지나요? 다음에 이 연습을 하게 되면, 마치면서 눈을 감고 편안한 장소를 상상해 보세요. 실제 가 본 적 있는 곳이어도 되고, 영화나 잡지에서 보았거나 책에서 읽은 장소여도 좋습니다. 목욕하는 동안에도 이 연습을 할 수 있답니다.

연습 26

이름 놀이

읽는 시간: 2분 | 연습 시간: 8분

시험 보기 전 머릿속이 갑자기 하얘지는 경험을 한 적 있나요? 그런 순간 자신을 현재로 다시 돌아오게 하는 것이 집중에 도움이 됩니다. 이름 놀이는 정신을 현재로 다시 불러오고 현재에 집중하게 만드는 좋은 연습이에요. 사물의 이름을 불러 그것과 관련된 기억의 일부를 떠올리면서 불안한 마음을 진정시키고 집중력을 향상시킵니다.

1. 방 안이나 바깥의 조용한 장소에서 두 발은 땅에 단단히 딛고 의자에 똑바로 앉아 타이머를 8분에 맞춥니다.
2. 〈2+4 호흡〉으로 연습을 시작합니다. 정면을 바라보세요. 눈앞의 공간을 시계 방향으로 천천히 둘러보면서 눈에 보이는 모든 사물의 이름을 부릅니다.
3. 이번에는 시계 반대 방향으로 시선을 돌리면서, 보이는 모든 사물의 이름을 부릅니다.
4. 2와 3단계를 시간이 다 될 때까지 반복합니다.

5. 숨)을 1회 더 하면서 연습을 마칩니다.

* 심화 연습

연습이 친숙해

하기

연습 [illegible]

[illegible]

을 해 본 적 [illegible]

말을 하는 [illegible]

법을 배워 [illegible]

자신의 생각 [illegible]

는 것을 [illegible]

Valid[illegible]

신의 [illegible]

한 정보도 [illegible]

[illegible]

인정해 주

인정해

4.

5.

* 심화 연습

오늘 노트에 파도를

부분 위에 적어 보세요.

나갈 수 있어. 감정은

어 보세요.

연습 30

하루 중 유난히 집중이 안 되고 정신이 산
요? 저는 이런 시간을 '안녕이라고 말
때 우리 마음은 과거나 미래로 방황합니
를 현재로 다시 되돌리는 것을 도와줄 거예

조용한 장소를 찾아 앉거나 서서 타이머를
직전, 자신의 생각이 어디에 있었는지 알아차리
중 어디에 있었나요? 그리고 〈2+4 호흡〉으로

자신을 지금, 이 순간으로 불러와서 '안녕!'이라고
을 1회 더 합니다.

자신을 지금, 이 순간으로 불러와서 마음속으로
이 순간에 집중하자. 오늘에 집중하자"라고 말합니
더 합니다.

연습 전에 하고 있던 일로 돌아갑니다. 그 일에 '안녕'
지금 당장 해야 할 일이 무엇인지 자신에게 물어봅니

* 심화 연습

다음에는 연습 시작 전, 잠시 시간을 내어 마음속으로 혹은 소리를 내어 "인내심을 가지자. 친절해지자"라고 말합니다. 그러고 나서 심호흡을 4회 합니다. 연습을 다 마친 후, 생각해 봅니다. 내가 나에게 참을성 있고 친절했나? 지금, 이 순간 자신에 대해 느끼는 특별한 감정이 있나요? 이 질문에 대한 대답과 떠오르는 생각을 연습 노트에 적어 보세요.

연습 31

개구리를 먹어라

읽는 시간: 2분 | 연습 시간: 8분

"제일 먼저 개구리를 먹어라"는 말은 중요한 일이나 하기 싫은 일을 먼저 해치우는 것이 최선이라는 의미를 함축적으로 표현한 마크 트웨인의 조언입니다. (옮긴이 주: 미국 작가 마크 트웨인은 "아침에 일어나서 다른 일을 하기 전 먼저 살아있는 개구리를 잡아먹어라. 그러면 남은 하루 동안 더 나쁜 일은 없을 것이다"라는 말을 남겼습니다. 개구리는 그날 할 일 중 가장 힘들고 하기 싫은 일을 상징합니다. 제일 어려운 일을 먼저 시작하여 끝낸 후 다른 일을 하라는 의미의 생활 방식과 시간 관리의 지혜를 담고 있는 명언입니다.) 여러분의 삶에서 '개구리'는 무엇인가요? 이 연습은 학교나 집에서 자신만의 '개구리'에게 바로 다가갈 수 있게 도와줄 거예요.

1. 조용하고 편안한 장소를 찾아서 앉아 타이머를 8분에 맞춥니다. 〈4스퀘어 호흡〉으로 연습을 시작합니다. 하늘에서 내려오는 빛줄기가 자신에게 에너지와 맑은 정신을 가져다준다고 상상하세요. 오늘 끝내야 하는 일을 생각하고, 각각의 일을 생각할 때 몸에서 어떤 느낌이 드는지 알아차려 보세요.

2. 〈4스퀘어 호흡〉을 1회 더 합니다. 여러분이 미루고 있는 일에 빛이 비치는

는 숨이 구름을 날려버린다고 생각하며 호흡에 집중합니다.

4. 〈2+4 호흡〉을 1회 더 합니다. 다시 호흡과 하나가 됩니다. 구름을 보며 들판에 누워 있다고 상상하거나, 실제로 구름을 볼 수 있는 곳에 있다면 그 모습을 눈여겨보세요. 구름이 떠다니며 어떻게 변하는지 살펴보세요. 다시 한번 자신의 생각과 감정을 구름이라고 상상합니다. 생각과 감정이 어떻게 생겨나고 변하는지 관찰하세요. 내쉬는 숨이 구름을 날려버린다고 생각하며 호흡에 집중합니다.

5. 〈2+4 호흡〉을 1회 더 하고 연습을 마칩니다.

*** 심화 연습**

연습하기 전에 먼저 목표를 세우세요. 연습을 마친 후 무엇을 얻고 싶은지 생각하는 것입니다. 집중력 향상, 마음의 평화, 긍정적인 정서 등이 될 수 있습니다. 목표를 세우고 한 연습, 목표 없이 한 연습을 비교하여 어떤 차이가 있는지 확인해 보세요.

연습 34

망치기 전에 잘 살피기

읽는 시간: 2분 | 연습 시간: 8분

"망치기 전에 확인하라(Check yourself before you wreck)"는 말을 들어본 적 있나요? (옮긴이 주: 영어권에서 쓰이는 말로, 예상치 못한 낭패를 면하기 위해서는 어떤 행동을 하기 전 그 결과를 반드시 미리 생각해 봐야 한다는 의미입니다.) 이 말에는 마음챙김 훈련에 적용할 수 있는 지혜가 담겨 있습니다. 복도에서 발을 헛디뎌 비틀거리거나, 무언가에 부딪힌 적이 있나요? 우리는 종종 부주의하게 지낼 때가 있습니다. 이 연습으로 자신의 몸을 더욱 정확하게 인지할 수 있도록 해 보세요.

1. 타이머를 8분에 맞추고 의자에 앉아 발을 바닥에 굳게 디딥니다. 〈4, 7, 8 호흡〉으로 연습을 시작합니다. 주먹을 최대한 꽉 쥐세요. 손을 꽉 쥘 때 느껴지는 감각을 알아차리세요. 손에 힘을 푸세요. 힘을 풀 때 느껴지는 감각을 알아차리세요. 왼 손바닥을 보며 손금에 주목하세요. 오른 손가락으로 손금을 하나씩 만지며 따라가 보세요.
2. 〈4, 7, 8 호흡〉을 1회 더 합니다. 이번에는 오른 손바닥을 보며 손금에 주목하세요. 왼 손가락으로 손금을 하나씩 만지며 따라가 보세요.
3. 〈4, 7, 8 호흡〉을 1회 더 합니다. 발가락을 앞으로 동그랗게 말아 보세요.

발가락을 말 때 느껴지는 감각을 알아차리세요. 발가락을 쭉 뻗으면서, 다리를 앞으로 뻗어 보세요. 발가락을 쭉 뻗을 때의 감각을 느끼세요. 발뒤꿈치를 앞으로 밀어내는 느낌으로, 발을 의자 쪽으로 구부리며 발가락은 하늘을 향하게 합니다. 발가락을 위로 당길 때의 감각을 느껴 보세요.

4. 〈4, 7, 8 호흡〉을 1회 더 하고 연습을 마칩니다.

＊심화 연습

연습하는 도중 알아차린 것을 말로 표현해 봅니다. 예를 들면, 발가락을 쭉 뻗거나 위로 향하게 할 때, "나는 오른발의 발가락을 의식하고 있다. 나는 엄지발가락과 새끼발가락에 힘이 들어간 것을 느낀다. 나는 엄지발가락을 꼼지락거릴 수 있다. 나는 엄지발가락에 붙은 발톱을 의식한다. 나는 발을 바닥에 놓을 때, 발바닥에 닿는 느낌을 느낀다"라고 마음속으로나 혹은 소리 내어 말하세요.

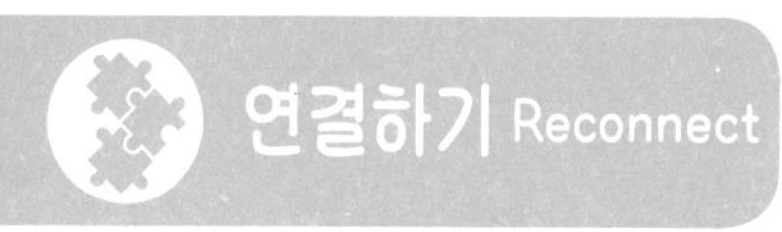

연습 35

안전(SAFE)

읽는 시간: 2분 | 연습 시간: 8분

마음챙김 명상은 친절이나 자비심과 같은 긍정적인 마음을 키워 주기도 합니다. 이 연습은 하루를 보내며 더 많은 긍정적 감정을 느낄 수 있도록 도와줄 거예요. 또한 마음속의 비판적인 생각을 진정시키고, 공감 능력을 향상하며, 다른 사람들과의 연결을 더욱 깊게 느끼도록 돕습니다.

1. 편하게 앉을 수 있는 실내나 실외 장소를 찾아 타이머를 8분에 맞추세요. 양반다리 자세로 앉아서 〈2+4 호흡〉으로 연습을 시작합니다.

2. S(Sense, 감각): 좋은 기분이 느껴지는 것을 알아차립니다. 가슴을 살짝 들고, 숨을 마실 때 좋은 기분을 빨아들이고, 숨을 내쉴 때 나쁜 기분을 내뱉는 느낌을 가져 보세요.

3. A(Allow, 허용): 기분 좋은 느낌이 마음 안에서 소용돌이치고 가슴을 가득 채우도록 허용하세요. 숨을 내쉴 때는 나쁜 기분이 떠내려가도록 허용하세요.

4. F(Feel, 느낌): 가슴에서 올라오는 감정을 느끼세요. 자신에게 "지금 내게

필요한 것은 무엇이지?"라고 물어보세요. 예를 들어 자신에 대해 너무 비판적이었다고 느낀다면, 친절과 자비심이 필요하다는 것을 알아차리세요. "내가 친절과 자비심을 갖기 바랍니다"라고 말하세요.

5. E(Expand, 확장): 호흡할 때마다 자신의 감정을 알아차리세요. 알아차림의 대상을 여러분 주위 사람에 대한 감정으로 확장해 보세요. 그리고 주변 사람들을 생각하며 "우리 모두가 친절과 자비심을 가지기를 바랍니다"라고 기원해 보세요.

6. 〈2+4 호흡〉을 1회 더 하면서 연습을 마치세요.

*** 심화 연습**

기분이 긍정적으로 바뀌었나요? 연습마다 위 4~5단계에서 사용하는 긍정 확언을 다양하게 바꿔 보세요. 친구들과 함께 연습해 보세요. 연습을 통한 변화와 경험을 주의 깊게 관찰해 보세요. 그리고 친구들에게도 연습의 효과에 대해 물어보세요.

연습 36

공기 방울

읽는 시간: 3분 | 연습 시간: 7분

혹시 자신의 선택을 후회해 본 적 있나요? 현재 상황이 실망스럽나요? 지금, 이 순간 자신의 상황을 그대로 받아들이고 적절하게 대응하는 방법을 배워야 합니다. 이 연습은 자신의 경험을 감사하게 받아들일 수 있도록 도와줄 거예요.

1. 편안한 장소를 찾아 앉거나 누워 타이머를 8분에 맞춥니다. 〈4, 7, 8 호흡〉을 1회 하며 연습을 시작합니다.

2. 손바닥 위에 공기 방울이 놓여 있다고 상상하세요. 공기 방울의 둥근 모양과 투명함에 집중하며, 눌러도 튀어 나가지 않을 정도로 강하다고 생각해 보세요. 불어도 날아가지 않는 안전한 공간이라는 느낌을 받아 보세요. 공기 방울이 여러분보다 점점 더 커지는 모습을 그려 봅니다. 여러분 마음의 온기가 그 공기 방울을 가득 채웁니다. 깊게 숨을 들이마시며 자신이 공기 방울 안에서 움직이고 있다는 상상을 해 보세요. 공기 방울이 깨끗하고 안전한 공간이라고 상상해 보세요.

3. 공기 방울은 "내가 어떻게 여기에 오게 됐지?"라는 질문에 대답하기 위한 시간 여행 중 여러분을 안전하게 지켜주는 공간이 될 거예요. 공기 방울 안

에서는 어떤 나쁜 일도 일어나지 않습니다. 여러분은 안전하고, 어느 누구도 여러분이 공기 방울 안에 있다는 사실을 모릅니다. 공기 방울 속에서 하늘을 향해 올라가면서, 주위에서 일어나는 모든 일을 볼 수 있습니다. 공기 방울 안에서는 안전하다는 것을 인식하면서, 어떤 두려움도 없이 하늘 높이 올라가 있는 기분을 느껴 보세요.

4. 상상을 멈춥니다. 주변을 바라보고, 현실을 받아들이세요. 여기가 지금, 이 순간 자신이 있는 곳이라는 사실을 받아들이세요. 자신의 삶에서 지금까지 경험했던 모든 관계, 결정, 배운 것, 잃어버린 것, 행복의 순간, 슬픔의 순간 등을 받아들이세요. 그 모든 것이 우리를 지금의 이 자리에 있게 했습니다. 평화와 만족감을 알아차려 보세요. 여러분에게 일어났던 모든 일에는 다 이유와 목적이 있습니다.

5. 〈4, 7, 8 호흡〉을 1회 더 하며 연습을 마칩니다.

*** 심화 연습**

이 연습을 하면서 따뜻함과 안전함을 느꼈나요? 자신의 모든 경험을 좀 더 긍정적으로 받아들일 수 있게 되었나요? 이 연습과 같이할 수 있는 몇 가지 긍정 확언을 생각해 보고 적어 놓으세요. 다음에 연습할 때는 활동을 마친 후, 적어 놓은 긍정 확언에 대해 깊이 생각해 보세요.

연습 37

거인 되기

읽는 시간: 2분 | 연습 시간: 8분

우리의 마음은 계속 자라면서 성숙해집니다. MRI 연구에 따르면 마음챙김과 명상은 장기 기억과 단기 기억 중추의 뇌신경 조직을 증가시키는 데 효과적입니다. 마음챙김은 우리의 마음이 성장하고 지혜롭게 되는 데 도움을 줍니다. 낮 열두 시는 마음챙김을 하며 우리의 마음이 성장하도록 하기 좋은 시간입니다.

1. 편안한 장소를 찾아 앉거나 서서 타이머를 8분에 맞추세요. 〈4스퀘어 호흡〉을 하며 연습을 시작합니다. 잠깐 주위 공간을 둘러보세요. 색깔, 소리, 냄새, 사물 등을 알아차려 보세요.
2. 〈4스퀘어 호흡〉을 1회 더 합니다. 오늘 배운 것을 떠올리며 인정하는 시간을 가지세요. 오늘 잘한 일을 기억하며 감사하는 시간을 가지세요. 오늘 성취한 일을 돌아보며 음미하는 시간을 가지세요.
3. 〈4스퀘어 호흡〉을 1회 더 하세요. 오늘 힘들었던 일로 주의를 돌립니다. "이 어려움을 통해 배울 수 있는 것은 무엇일까?" 또는 "이 어려움을 다른 관점에서 바라볼 수 있을까?"라고 질문해 보세요.
4. 〈4스퀘어 호흡〉을 1회 더 한 후 연습을 마칩니다.

＊심화 연습

학교를 마치고 집으로 가는 길에 하루를 되돌아보는 시간을 가지세요. 연습을 하면서 자신에게 했던 질문의 답을 노트에 적어 보세요. 이렇게 적는 것은 생각을 더 확고하고 분명하게 만듭니다.

연습 38

번거롭지만 즐거운 집안일

읽는 시간: 2분 | 연습 시간: 8분

귀찮은 집안일, 생각하기도 싫습니다. 그러나 여기 작은 팁이 있습니다. 아무리 하기 싫은 집안일이라도 자발적으로 선택하는 순간, 그렇게 싫지 않은 일이 되기도 합니다. 의도적으로 어떤 일을 하기로 했다면, 하기 싫은 경험을 즐거운 경험으로 바꿀 수 있습니다. 집안일 중 하나를 선택해서 이 연습을 해 보세요.

1. 여러분이 가장 싫어하는 집안일을 하나 선택하세요.

2. 타이머를 8분에 맞춥니다.

3. 휴대전화기, 텔레비전, 애완동물 등 연습에 방해되는 모든 것은 치우세요.
〈2+4 호흡〉으로 연습을 시작합니다. 호흡에 집중하면서 4회 반복하세요.

5. 자신이 선택한 일에 주의를 기울입니다.

6. 그 일을 마치기까지 해야 하는 모든 과정을 떠올립니다.

7. 호흡에 집중하면서 〈2+4 호흡〉을 4회 반복합니다.

8. 이제 실제로 그 일을 단계별로 시작하고, 모든 세부적인 것에 주의를 기울여 보세요.

9. 자신의 몸이 움직임을 관찰하세요. 지금, 이 순간에 머무르세요. 일의 최종 결과를 계속 염두에 두며 현재의 작업에 집중하세요.

10. 완성한 일에 대해 생각하고 결과에 감사하는 시간을 가지세요.

＊심화 연습

때로는 음악이 하기 싫은 일을 즐겁게 만들기도 합니다. 좋아하는 음악을 틀고 일하는 동안 댄스 파티를 하세요. 하기 싫은 일을 좀 더 즐겁게 할 수 있었는지 관찰해 보세요.

연습 39

졸졸 흐르는 시냇물

읽는 시간: 2분 | 연습 시간: 8분

사람들이 "잘 지내니?"라고 인사할 때, 그 질문을 곰곰이 생각해 본 적이 있나요? 대부분 사람은 자기 기분과 상태에 대해 진지하게 생각해 보지 않고 습관적으로 대답합니다. 이 마음챙김 연습은 자신의 감정과 연결하고, 자신의 감정을 알아차리거나 받아들이며, 새로운 방식으로 자신의 감정을 다루는 방법을 배우도록 도와줄 거예요.

1. 바깥에 나가 걷다가 작은 돌을 하나 주워 손안에서 굴려 보세요. 타이머를 8분에 맞추고 〈4, 7, 8 호흡〉으로 연습을 시작합니다.

2. 졸졸 흐르는 시냇가에 서 있다고 상상하세요. 햇빛이 물결을 따라 춤추고 있습니다. 작은 돌을 시냇가에 떨어뜨린다고 상상하면서 어떤 생각, 감정, 또는 몸의 감각이 생겨났는지 알아차리세요.

3. 작은 돌이 시냇물 속으로 더 깊이 떨어지는 걸 상상하세요. 어떤 감정, 생각, 몸의 감각이 생겨났는지 알아차리세요. 그 돌이 시냇물 바닥에 가라앉도록 합니다. 그 돌이 어디에 있는지, 여전히 눈에 보이는지 확인해 보세요.

"지금, 이 순간 나는 무엇을 생각하고, 기분은 어떠며, 무슨 감각을 느끼고 있지?"라고 자신에게 물어보세요.

4. 작은 물고기가 입으로 그 돌을 집어서 시냇물 위로 헤엄쳐 올라옵니다. 여러분 마음에 어떤 감정이 생겨나나요? 그곳에 조금 더 머무르며 시냇물이 졸졸 소리 내어 흘러 내려가는 것을 지켜 보세요.

5. 〈4, 7, 8 호흡〉을 하며 연습을 마칩니다.

*** 심화 연습**

이 연습으로 자신의 감정과 좀 더 연결되었다고 느꼈나요? 미처 알지 못했던 자기 마음속 감정을 발견했나요? 다음에는 명상 음악을 들으며 이 연습을 해 보세요. 연습을 마친 후 감정의 변화를 알아차려 보세요.

연습 40

아무것도 하지 않아도 괜찮아

읽는 시간: 2분 | 연습 시간: 8분

걱정하는 마음을 없애기 위해, 그저 자신의 상태 그대로 존재할 필요가 있습니다. 그러면 모든 일을 있는 그대로 수용하면서, 감사와 기쁨을 느낄 수 있습니다. 걱정하는 마음이 때로는 윙윙거리는 벌떼와 같습니다. 걱정하는 마음과 생각을 잘 알아차려야, 다른 방식으로 반응하고 그 생각들을 잠재울 수 있습니다.

1. "아무것도 하지 않고 그저 온전히 존재하는 상태가 될 수 있는" 편안한 장소를 찾으세요. 편하게 앉아서 몸을 이완시키고, 타이머를 8분에 맞추세요. 〈2+4 호흡〉으로 연습을 시작합니다.
2. B(Breathe): 호흡하세요.
3. E(Expand): 확장하세요. 몸을 더 많이, 더 깊게 느껴 봅니다. 몸이 어떻게 휴식하는지 알아차려 보세요. 숨을 들이쉬고 내쉴 때마다 몸의 느낌을 알아차리면서 앉아 있는 자세에서 몸이 어떻게 느껴지는지 인식하세요.
4. B(Breathe): 호흡하세요.

5. E(Ease): 편안하게 해 주세요. 몸을 더 이완시키고 편안하게 해 주세요. 숨을 들이쉴 때마다 몸을 더 많이 이완하세요. 숨을 참을 때 여러분의 생각을 잡으세요. 숨을 내쉴 때는 여러분의 생각을 흘려보내세요.

6. B(Breathe): 호흡하세요.

7. E(Enter): 들어가세요. 기쁨과 감사의 순간으로 들어가세요. 기쁨과 감사의 감정이 몸에서는 어떤 감각으로 느껴지는지 알아차려 보세요.

8. B(Breathe): 호흡하세요.

9. E(Expand): 확장하세요. 기쁨과 감사를 주위 사람들에게로 확장하세요. 기쁨과 감사를 주위 사람들에게 나누는 것처럼, 손을 바깥으로 뻗으세요.

10. 〈2+4 호흡〉을 1회 더 하고 연습을 마칩니다.

*** 심화 연습**

연습을 하기 전에 감사의 시간을 가지세요. 경험하고, 알고, 가지고 있는 것 중 감사하게 생각하는 4개를 떠올리면서 연습하세요. 연습을 마친 후, 자신의 감사 목록을 친구에게 보여 주세요. 친구의 반응을 주목하세요. 다른 사람에게 감사 목록을 보여준 후, 여러분이 작성한 감사 목록에 대해 새로운 생각이나 느낌이 생겼나요?

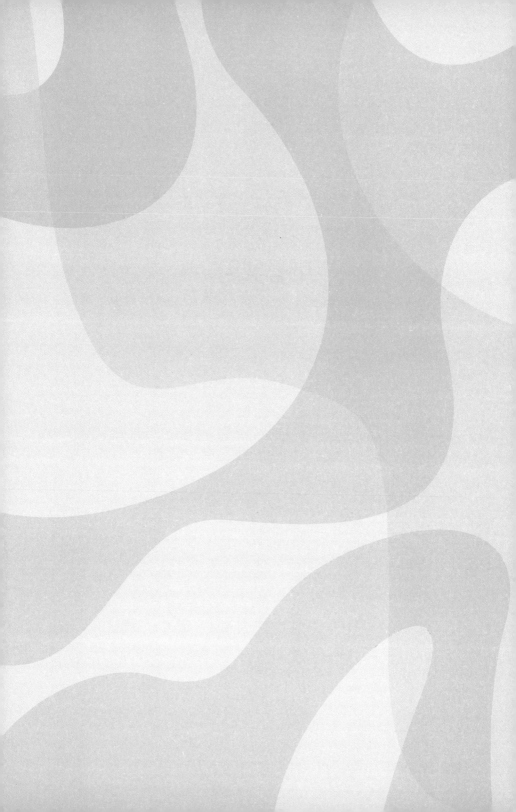

3부

한밤의 마음챙김

여러분, 오늘 저녁은 어땠나요?

여러분은 하루를 무사히 마쳤습니다. 가볍고 뿌듯한 마음으로 꿈나라로 떠날 준비가 되어야 합니다. 아직 마치지 못한 일이 머릿속을 맴돌더라도 염려하지 마세요. 마음챙김은 여러분이 평화로워지도록 도울 거예요.

이미 눈치챘겠지만, 이 책에 있는 많은 연습은 일종의 명상입니다. 다양한 연구에 의하면 규칙적으로 명상하는 사람은 신체의 코르티솔 수준이 낮다고 합니다. 코르티솔은 앞에서 언급했던 스트레스 호르몬이에요. 활력을 주고 각성을 도와주지만(위험으로부터 도망칠 때 필요한), 밤에 너무 많으면 이완을 어렵게 만들고 잠을 방해하지요. 또한 높은 코르티솔 수준은 기억력을 저하시키기도 합니다.

저녁에 하는 마음챙김 명상은 코르티솔 수준을 낮추고, 다음 날 많은 정보를 스펀지처럼 흡수하게 하여 최고의 성과를 내도록 도울 거예요. 마음을 가다듬고, 따뜻한 내면의 빛을 회복하며, 숙면을 취하고, 기분이 좋아지는 밤의 마음챙김 명상으로 여러분을 초대합니다.

결단과 실천이 학습과 성장을 돕습니다.

결단과 실천이 성공을 돕습니다!

보다 의미 있고 즐겁게 살며 원하는 것을 이루기 위해 변화가 필요하다고 결심한 일이 있나요? 그렇다면 지금 그 결심에 맞는 행동을 하고 있습니까? 지속적인 변화를 만들어내기 위해서는 중요한 일이 무엇인지 먼저 알아야 하고, 그것을 하기로 결단하고 실천해야 합니다.

성적을 올리고 싶다면, 공부 시간을 빼앗는 활동을 줄이거나 없애고 공부에 집중할 시간을 더 많이 확보해야 합니다. 마음챙김 연습은 변화를 위한 실천을 도와줄 것입니다.

기억하세요.

매일 몇 시간씩 마음챙김 명상을 할 필요는 없습니다. 하루 10분이면 충분합니다. 10분씩 꾸준히 하다 보면, 어느새 마음챙김 명상이 여러분의 일상이 되어 있을 것입니다.

연습 41

감사한 마음이 자라나요

읽는 시간: 1분 | 연습 시간: 9분

매일 아침 눈을 뜨면 가장 먼저 긍정 확언이나 감사 목록을 작성하는 것으로 하루를 시작하는 사람이 있습니다. 이런 의식을 밤에 한다면 마음을 위로하고 진정하는 데 좋습니다. 매일 밤 감사의 마음으로 잠자리에 든다면, 그 마음이 더 자라날 것입니다. 자는 동안에도 감사 목록을 생각하게 될 수도 있어요.

1. 종이와 펜을 가지고 편안한 장소에 앉습니다. 〈4스퀘어 호흡〉을 1회 합니다. 호흡하는 동안 정신이 맑고 마음이 차분해지도록 하세요. 하루를 돌이켜 보세요.

2. 기분 좋았던 순간과 나빴던 순간을 떠올려 보세요. 다음과 같이 감사한 점을 적으세요. "나는 ______________이 참 고맙다."

3. 잠깐 자신의 몸에 주의를 기울입니다. 몸이 온종일 자신을 위해 수고했다는 사실을 떠올리고, 그것에 감사하다는 내용의 글을 적으세요.

4. 기분 나빴던 순간을 떠올리고, 그 상황이 더 나빴을 수도 있었다는 생각을 해 봅니다. 그러면서 나쁜 상황이 그 정도로 그친 것이 다행이고, 참을 만했

다는 것에 대해 감사하는 내용의 글을 적으세요.

5. 〈4스퀘어 호흡〉을 1회 더 하면서 연습을 마칩니다.

*** 심화 연습**

저녁에 이 연습을 하면서 뭔가 다른 점을 발견했나요? 1주일 동안 매일 밤, 잠들기 전 10분씩만 해 보세요. 1주일 후, 한 주 동안 이 연습에 대해 어떻게 느꼈는지 연습 노트에 기록해 보세요.

연습 42

미루는 습관의 함정

읽는 시간: 2분 | 연습 시간: 8분

혹시 해야 하는데 미루고 있는 일이 있나요? 이는 자연스러운 형상입니다. 특히, 즐겁지 않은 일의 경우 더 그렇지요. 이 명상은 미루는 함정에서 벗어나, 해야 할 일을 시작하고 완성하는 것을 도와줄 거예요.

1. 편안한 자세로 앉아 타이머를 8분에 맞춥니다. 〈2+4 호흡〉으로 연습을 시작합니다. 숨을 내쉴 때마다 몸 한 부위를 정해 그곳의 긴장을 풀고 이완시킵니다. 매 호흡 다른 부위에 집중합니다. 가능하면 어깨부터 시작해서 차례로 내려오는 게 좋습니다. 몸의 긴장이 다 풀리면, 지금 미루고 있는 공부나 일을 떠올립니다. 미루고 있는 이유와 핑계를 생각합니다.

2. 〈2+4 호흡〉을 1회 더 합니다. 현재 미루고 있는 것이 자신의 삶에 어떤 부정적인 영향을 미치는지 생각합니다.

3. 〈2+4 호흡〉을 1회 더 합니다. 미루고 있는 일을 마쳤을 때 얻을 수 있는 이익에 대해 생각합니다. 미루고 있는 일을 시작하는 데 도움이 되는 확언을 만들어 봅니다. 예를 들면 “오늘 시작하면 내일은 완성에 한 걸음 더 가까워질 거야” 혹은 “내가 못 해서 미루는 건 아니야. 지금 하면 기분이 더 좋

아지겠지" 등이 될 수 있습니다. 자신이 만든 확언 문장을 4회 반복해서 말하세요.

4. 〈2+4 호흡〉을 1회 더 합니다. 그 일을 하고 있는 자신의 모습을 상상해 보세요. 일을 완성한 후 느낄 수 있는 홀가분한 마음과 평온한 기분, 그리고 성취감을 생생히 떠올려 보세요. 그 순간이 얼마나 기분 좋을지 상상해 보세요.

5. 〈2+4 호흡〉을 1회 더 하면서 연습을 마칩니다.

*** 심화 연습**

미뤘던 일을 끝마치는 자신의 모습을 머릿속에 그려볼 수 있었나요? 미루고 있었던 이유를 발견할 수 있었나요? 머릿속에서 그려본 그 일을 완성하는 데 필요한 모든 단계를 적어 보세요. 그리고 24시간 이내에 그 일을 시작하세요.

연습 43

이야기 잠재우기

읽는 시간: 3분 | 연습 시간: 7분

하루 중 마음에 들지 않았던 일이 먼저 떠오르고 오래 기억된다는 것을 알고 있었나요? 기쁜 기억보다 힘들거나 격한 감정의 기억이 더 자주 그리고 더 오래 마음에 머무나요? 부정적인 생각과 기억을 잠재우는 가장 좋은 방법은 그 감정을 충분히 느끼고 흘려보낸 뒤, 긍정적인 사건을 떠올리거나 긍정적인 경험을 하겠다는 의지를 갖는 것입니다.

1. 양반다리 자세로 편안하게 앉아 타이머를 7분에 맞춥니다. 손바닥을 하늘로 향하게 하고 손가락은 몸을 향해 살짝 구부려 줍니다. 엄지와 검지의 끝을 맞닿게 하여 동그라미를 만듭니다. 〈4, 7, 8 호흡〉을 1회 합니다.

2. 마음에 의식을 집중합니다. 부정적 생각과 감정을 찾아낼 수 있도록 마음을 잘 살핍니다. 오늘 생긴 부정적 감정이 온몸을 적시고 있다고 생각합니다. 호흡과 함께 감정을 들여 마시고 느끼며 자신의 일부가 되도록 합니다. 몸에서 느껴지는 감각을 알아차립니다.

3. 〈4, 7, 8 호흡〉을 1회 더 합니다.

4. 마음에 의식을 집중합니다. 내면을 들여다보면서 긍정적인 생각과 감정을 찾아냅니다. 이런 감정을 찾기 힘들다면 지금 앉아 있는 공간, 입고 있는 옷, 그리고 오늘 먹은 음식에 감사하는 마음을 가져 보세요. 일어나는 어떤 긍정적인 감정을 허용하고, 그 감정이 온몸을 흘러가게 하세요. 그 감정을 받아들이고 느끼며 여러분 존재의 일부가 되게 해 보세요. 그 감정이 전하는 몸의 변화를 충분히 느껴 보세요.

5. 〈4, 7, 8 호흡〉을 1회 더 합니다.

6. 몸의 어느 부위에서 그 감정들이 느껴지는지 알아차려 보세요. 그 감정들이 온도나 색깔을 갖고 있나요? 몸 안에서 움직이고 있나요? 여러분의 몸이 점차 따뜻하고 가벼워진다고 상상하세요. 부드럽게 미소 지어 보세요.

7. 〈4, 7, 8 호흡〉을 1회 더 하면서 연습을 마칩니다.

*** 심화 연습**

부정적 감정 상태에서 긍정적 감정 상태로 옮겨 갈 때 어떤 차이점을 발견할 수 있었나요? 오늘 경험한 기분 좋은 감정들을 포스트잇 메모지에 적어 방에 붙여 놓아 보세요. 잠자리에 들기 전에 마음속으로 혹은 소리 내어 메모지에 적힌 내용을 읽고, 하루 동안 감사했던 일 3가지를 떠올려 보세요.

연습 44

ABC

읽는 시간: 2분 | 연습 시간: 8분

부정적 감정을 회피하고 싶어 하는 것은 사람의 본성입니다. 문제는 부정적 감정을 회피하는 것이 슬픔, 동기 저하, 불안을 유발할 수 있다는 사실입니다. 이 연습은 자신에게 더 친절하고 자비로운 마음을 갖도록 도와주며, 부정적 감정으로 인한 불편함을 있는 그대로 받아들일 수 있게 해 줍니다.

1. 타이머를 8분에 맞춥니다. 침대에 누워 천천히 몸을 이완하면서 〈4, 7, 8 호흡〉으로 연습을 시작합니다.
2. A(Accept, 받아들이기): 자신의 주의를 머리와 가슴에 집중시키며 오늘 하루를 있는 그대로 받아들입니다. 한 손은 가슴 위에, 다른 손은 이마 위에 댑니다. 오늘 하루 가졌던 감정을 알아차려 봅니다.
3. B(Breathe, 호흡하기): 다양한 감정을 들이쉬는 호흡과 함께 느낍니다.
4. C(Create, 창조하기): 고통스러운 감정에 대해서는 자비심을 가집니다. 하루를 잘 보낼 수 있게 해 준 나의 감성과 이성에 고마움을 느낍니다. 힘들거나 불쾌한 감정을 생각하며 마음속으로 혹은 소리 내어 “나는 (감정을 나

타내는 단어를 넣어)을 느낀다. 너에게 자비심과 이해의 마음을 보낸다" 라고 말합니다.

5. 하루 동안 느꼈던 모든 불쾌한 감정을 인정하고 흘려보낼 때까지 반복합니다.

6. ⟨4, 7, 8 호흡⟩을 1회 더 하면서 연습을 마무리합니다.

---

* 심화 연습

마음이 좀 가벼워졌나요? 이 연습을 하기 전이나 마친 후에 티베트 싱잉볼을 사용할 수도 있습니다. 티베트 싱잉볼을 구매해 보면 어떨까요? 티베트 싱잉볼 소리는 몸의 정상적인 진동 주파수를 회복하고 몸의 균형을 찾는데 도움이 되며, 마음과 영혼을 진정시켜 줍니다.

연습 45

맑고 고요하게

읽는 시간: 3분 | 연습 시간: 7분

수많은 신체적 혹은 정신적 활동으로 힘든 하루를 보낸 다음에는, 마음을 맑고 고요하게 만드는게 숙면에 좋습니다. 이번 연습은 제가 가장 좋아하는 명상 중 하나입니다. 이 명상은 아주 깊은 평화와 편안함을 느끼게 합니다. 저는 이 연습을 마칠 때면 늘 따뜻한 기운을 느낍니다. 함께 그 고요함을 즐겨 보아요.

1. 누울 수 있는 편안한 공간을 찾아서 자리 잡습니다. 타이머를 7분에 맞춥니다. 눈을 감고 호흡하며 몸을 이완합니다. 〈4스퀘어 호흡〉으로 연습을 시작합니다.

2. 눈을 뜨고 코로 숨을 깊이 마십니다. 숨을 참고 몸을 관찰합니다. 숨을 내쉬며 눈을 감습니다. 다시 숨을 마시며 눈을 뜹니다. 숨을 참으면서 몸을 관찰합니다. 숨을 내쉬며 눈을 감고 몸 전체가 이완됨을 느낍니다. 이 과정을 4회 반복합니다.

3. 숨을 마시면서 폐가 공기로 가득 차는 것을 느껴 보세요. 숨을 참고 몸을 관찰하세요. 숨을 내쉬면서 공기로 가득 찼던 폐가 비워지는 것을 느껴 보세요. 숨을 마시면서 고요와 평화의 물결이 몸 위로 흐른다고 상상하세요. 숨

을 참으며 고요한 상태를 유지하세요. 숨을 내쉬면서 폐에서 공기가 빠져나가고 모든 스트레스, 걱정, 불안이 떠나가는 상상을 하세요.

4. 숨을 마시면서 자신감을 들여오세요. 숨을 참으면서 자신감이 자라는 것을 느껴 보세요. 숨을 내쉬며 자기에 대한 불신을 밖으로 내보내세요.

5. 숨을 마시면서 몸을 더 이완하고 몸이 긍정적 감정으로 가득 차는 것을 느껴 보세요. 숨을 참으면서 긍정적 감정들에 주목하세요. 숨을 내쉬면서 마음을 어둡고 무겁게 하는 생각이나 감정을 몸 밖으로 내보내세요. 마음이 맑아지는 것을 알아차리세요.

6. 다음의 확언을 네 번 반복하세요 "나는 고요하다. 나는 만족한다. 나는 행복하다."

7. 〈4스퀘어 호흡〉을 1회 더 하면서 연습을 마칩니다.

＊심화 연습

고요함과 편안함을 느꼈나요? 다음에는 명상 음악을 들으며 이 연습을 해 보세요. 유튜브에는 이완을 돕는 영상이 많이 있습니다.

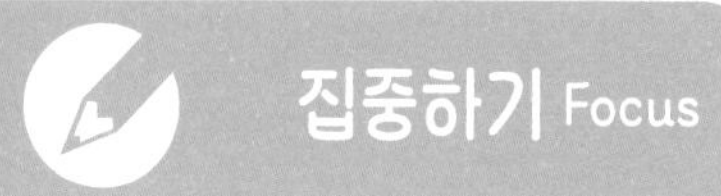

연습 46

양치 시간

읽는 시간: 3분 | 연습 시간: 7분

우리는 종종 깊은 생각 없이 주어진 공부와 일을 기계적으로 해나가며 하루하루 살아갑니다. 다양한 과제를 완수하는 로봇이 되어버린 것 같기도 합니다. 집중력을 높이는 간단한 방법은 평범해 보이는 일상 활동에도 완전한 주의를 기울이는 것입니다. 양치질은 마음챙김을 연습할 수 있는 좋은 기회입니다.

1. 욕실 거울 앞에 서서 자신의 모습을 바라보세요. 혀로 앞니를 문지르며 그 감각을 느껴 봅니다. 다른 생각이 떠올라도 괜찮습니다. 다시 자신에게 주의를 되돌리고 자신의 호흡을 느낍니다.

2. 타이머를 7분에 맞추고, 〈4, 7, 8 호흡〉을 1회 합니다. 칫솔과 치약을 들고 그 무게와 쥐고 있는 손의 감각을 느낍니다. 치약이 튜브에서 어떻게 나오는지 알아차리면서 칫솔에 치약을 묻히세요.

3. 〈4, 7, 8 호흡〉을 1회 더 합니다. 잠시 치약의 향을 맡습니다. 칫솔질을 시작하면서 칫솔이 각 치아 표면, 잇몸, 뺨 안쪽을 지날 때의 감각을 느껴 봅니다. 치약을 뱉어내고 입안을 헹굽니다. 치약을 뱉어내기 전과 뱉어내는 동안, 그리고 뱉어낸 후의 감각과 입안을 헹군 후의 감각을 느껴 봅니다.

4. 〈4, 7, 8 호흡〉을 1회 더 합니다. 혀로 앞니를 문지르며 양치질 후의 감각을 느껴 봅니다. 칫솔로 혀를 쓸어 주며 그 감각을 느껴 봅니다. 한 번 더 입안을 헹구며 감각을 느낍니다.

5. 〈4, 7, 8 호흡〉을 1회 하면서 연습을 마칩니다.

＊ 심화 연습

현재에 집중할 수 있었나요? 아니면 마음이 이리저리 방황했나요? 무엇을 느꼈나요? 자신의 감정에 대해 잠시 생각하는 시간을 가진 후 연습 노트에 그 감정들을 적어 보세요. 다음에는 치실질을 연습에 포함하여, 마찬가지로 치실질에 마음을 완전히 집중하고 자신의 행동과 느껴지는 감각을 알아차리세요. 연습 시간 10분 전체를 양치질과 치실질에 할애해 보세요.

연습 47

호랑이 시간

읽는 시간: 2분 | 연습 시간: 8분

용감하고, 자신감 있으며, 사람들이 좋아하는 성격 특성을 호랑이 성격 유형으로 표현하는 경우가 있습니다. 이 연습을 통해 그러한 특성이 자신에게도 있다는 사실을 깨달을 수 있을 거예요. 한번 확인해 보세요.

1. 타이머를 8분에 맞추고 편안한 자세로 섭니다. 〈4스퀘어 호흡〉으로 연습을 시작합니다. 먼저, 호랑이가 나무 기둥을 잡고 몸을 쭉 뻗는 것처럼 하늘을 향해 몸을 쭉 펴 보세요. 그런 다음 무릎을 굽혀 바닥에 꿇고 팔을 바닥에 최대한 뻗습니다. 팔꿈치를 바닥에 대고 체중을 양손에 실으며 몸을 앞으로 밀어내는 것처럼 뻗습니다. 이제 배꼽을 등 쪽으로 밀면서 팔꿈치를 펴고 등을 동그랗게 말아 줍니다. 무릎은 계속 같은 자세로 꿇은 채 팔을 다시 앞으로 최대한 뻗습니다.

2. 〈4스퀘어 호흡〉을 1회 더 합니다. 마음속으로나 혹은 소리 내어 "내가 용감하고 자신감 있고 사람들에게 호감을 주기를 바랍니다"라고 말합니다. 다시, 팔꿈치를 바닥에 대고 몸을 앞으로 밀어내는 것처럼 체중을 앞으로 옮겨 양손에 싣습니다. 이제 배꼽을 등 쪽으로 밀면서 팔꿈치를 펴고 등을 동그랗게 말아 줍니다. 무릎은 계속 같은 자세로 꿇은 채 팔을 다시 앞으로 최

대한 뻗습니다. 마음속으로나 혹은 소리 내어 "나는 용감하고, 자신감 있고, 사람들에게 호감을 주는 사람이다"라고 말합니다.

3. 〈4스퀘어 호흡〉을 1회 더 하면서 연습을 마칩니다. 시간이 다 될 때까지 연습을 반복합니다.

＊ 심화 연습

호랑이 성격 특성과 자신을 관련지을 수 있었나요? 1주일 동안 이 연습을 매일 밤에 해 보세요. 1주일이 지난 후 자신감과 용기에 어떤 변화가 있었는지 연습 노트에 적어 보세요.

연습 48

모든 감정 환영하기

읽는 시간: 3분 | 연습 시간: 7분

우리가 어떤 감정을 느끼든 그 감정을 정상이라고 인정하는 시간을 갖게 되면, 부정적인 감정에 압도당해 불안이나 우울증으로 발전하는 것을 막을 수 있습니다. 관련 연구에 의하면, 사람들은 긍정적인 감정보다 부정적인 감정을 더 많이 더 오래 기억한다고 합니다. 긍정적 감정과 부정적 감정이 전부 정상적이라고 생각하는 것은 부정적인 감정이 미치는 해로운 영향을 줄이는 데 도움이 됩니다.

1. 편안한 장소를 찾아 의자에 앉아 양발을 바닥에 굳게 디딥니다. 타이머를 7분에 맞추고 〈2+4 호흡〉으로 연습을 시작합니다. 평화, 기쁨, 사랑과 자비심으로 마음을 가득 채우고, 머리 위에 하얀빛이 생기고 있다고 상상하세요. 그 빛이 가슴 한가운데로 옮겨가면서 건강과 치유를 가져다주는 모습을 떠올려 보세요.

2. 〈2+4 호흡〉을 1회 더 합니다. 자신이 가지고 있는 부정적인 감정, 불편함, 힘든 일이나 걱정 등을 떠올려 보세요. 이 모든 어려움을 먹구름이라고 생각해 보세요. 숨을 들이쉴 때마다 먹구름이 여러분 안의 하얀빛으로 빨려 들어간다고 상상해 보세요. 하얀빛이 먹구름을 계속 흡수하여 사라질 때까지 상

상해 보세요. 빛이 어두운 구름을 계속 흡수해서 없앨 때까지 계속하세요.

3. 〈2+4 호흡〉을 1회 더 합니다. 내쉬는 숨마다 모든 어둠이 빠져나간다고 상상하세요. 어두움이 사라질 때 기쁨과 평화, 안도감이 몸 위로 흘러내리는 것을 느껴 보세요. 여러분의 가슴에서 빛이 흘러넘쳐 몸의 각 부위로 스며들기 시작하면서 사랑, 만족감, 행복으로 여러분을 채우는 것을 상상해 보세요.

4. 〈2+4 호흡〉으로 연습을 마칩니다.

*** 심화 연습**

부정적인 감정을 떠올리고 인정할 때 몸에서 어떤 감각을 느꼈나요? 다음에는 이 연습을 마친 후, 누워서 5분 동안 복식 호흡해 보세요. 호흡을 마친 후, 어떤 긍정적인 감각이나 기분이 느껴지는지 관찰하세요.

연습 49

온전한 명상

읽는 시간: 3분 | 연습 시간: 7분

즐거운 일에 대한 기억이나 기대로 마음이 설렜던 날이 있나요? 가끔 흥분을 가라앉히기 어려울 때가 있습니다. 특히 어떤 일에 대한 기대가 클 때 그렇지요. 이 연습은 잠을 자는 동안 충분히 휴식을 취할 수 있게 돕습니다. 이 연습을 하면서 어떤 진동이나 압력 또는 특별한 감각을 느낄 수 있습니다. 그것에 대해 호기심을 가져 보세요.

1. 침대에 편안하게 누우세요. 타이머는 필요 없습니다. 〈4스퀘어 호흡〉으로 연습을 시작합니다. 정수리에서 느껴지는 감각에 주목합니다. 베개에 닿는 머리의 감각을 느껴 보세요. 얼굴 특정 부위에 주의를 기울입니다. 어깨로 주의를 옮깁니다. 긴장이 느껴지면 긴장을 풀어주면서 더욱 충분하게 이완하며, 침대에 몸을 편안히 맡기세요. 특정 부위에서 심한 긴장이 느껴진다면, 그 부위에 의식을 집중하고 그쪽으로 호흡을 보냅니다. 편안하게 호흡하여 그 부분이 부드럽게 풀리는 듯한 느낌을 가집니다.

2. 〈4스퀘어 호흡〉을 1회 더 합니다. 주의를 오른쪽 팔 아래로 옮기세요. 팔꿈치, 팔꿈치 아래팔, 그리고 손에 주의를 차례로 보내면서 어떤 진동이나 따

끔거림, 압력이나 움직임이 있는지 느껴 보세요. 손과 손가락의 감각을 느껴 보세요. 모든 감각에 호기심을 가지세요. 손과 팔을 이완하고, 어떤 감각도 흘려보내세요. 왼팔도 똑같이 반복합니다.

3. 침대와 접촉하는 신체 부위에서 자극이나 압력이 느껴지면, 등을 지그재그로 움직이세요. 호기심을 유지한 채, 긴장을 풀며 더 깊이 침대에 몸을 맡기세요. 가슴, 갈비뼈, 배 부위로 차츰 내려가며 차례대로 천천히 주의를 보냅니다. 호흡이 배로 향하도록 하고 긴장을 풀며 호흡하세요.

4. 〈4스퀘어 호흡〉을 1회 더 합니다. 골반과 엉덩이에 주목하세요. 침대와 맞닿은 부위를 의식하세요. 어떤 것이든, 존재하는 모든 감각을 느끼세요. 오른쪽 허벅지에서 느껴지는 감각을 알아차리면서 다리 아래쪽으로 주의를 옮깁니다. 다리에서 발목, 발, 발가락까지 주의를 골고루 보냅니다. 하루의 모든 긴장을 날려 버리면서 발가락을 꼼지락거리세요. 왼쪽 다리도 반복하세요. 호흡을 다리로 보냅니다. 온종일 여러분과 함께한 다리에 친절과 호기심을 담은 주의를 보냅니다.

5. 〈4스퀘어 호흡〉을 마지막으로 1회 더 하고 연습을 마칩니다.

＊ 심화 연습

몸이 이완되는 것을 느낄 수 있었나요? 다음에 연습할 때는 이 과정을 두 번 반복해 보세요. 첫 번째는 머리에서 시작하여 발에서 끝낸 후, 다시 발에서부터 머리까지 거슬러 올라오세요. 몸이 충분히 이완될 때까지 이 과정을 필요한 만큼 여러 번 반복하세요.

연습 50

마인드맵

읽는 시간: 3분 | 연습 시간: 7분

마인드맵은 다양한 생각의 연관성을 보여주면서 한 가지 아이디어나 핵심 주제에 주의를 집중할 수 있게 합니다. 한 가지 아이디어나 핵심 주제는 지도의 중심에 위치하고, 관련된 세부 아이디어들이 나뭇가지처럼 뻗어 나갑니다. 이 기법은 단어, 이미지, 숫자, 색깔을 재미있는 방식으로 배열함으로써 주의 집중과 정보 기억 능력을 높이는 것으로 알려졌습니다.

1. 앉아서 무언가 쓸 수 있는 편안한 장소를 찾습니다. 타이머를 7분에 맞춥니다. 〈4스퀘어 호흡〉으로 연습을 시작합니다.

2. 자신이 갖고 있는 아이디어나 생각을 종이 한가운데에 적습니다. 상자나 원을 그려 그 안에 적어도 되고, 아이디어나 주제를 상징하는 이미지를 그려도 됩니다. 브레인스토밍을 통해 그것을 중심으로 세부적인 아이디어를 나뭇가지처럼 뻗어 나가도록 그립니다. 해당 아이디어나 주제와 관련된 생각들을 가지 아래에 적어 나갑니다.

3. 관련된 모든 주제, 하위 주제, 하위 아이디어 등을 떠올립니다. 새로운 생각

이 떠오를 때는 관련된 나뭇가지 아래에 새로운 가지를 그려 나가세요. 핵심 단어나 주제를 이미지로 만들어 그려도 괜찮습니다.

4. 타이머가 종료되면, 〈4스퀘어 호흡〉을 하면서 자신이 그린 마인드맵에 집중합니다.

＊심화 연습

이 연습은 어땠나요? 생각을 발전시키는 과정에 집중할 수 있었고 새로운 좋은 아이디어가 떠올랐나요? 토니 버잔(Tony Buzan), 마인드맵의 개발자의 테드 토크(TED Talk)를 들으면 마인드맵을 더 깊이 이해할 수 있습니다. 다음에는 마인드맵 그리기에 연습 시간 10분을 전부 할애해 보세요.

연습 51

하늘

읽는 시간: 3분 | 연습 시간: 7분

인생이 항상 장미처럼 아름답거나 아기 고양이처럼 사랑스럽지만은 않습니다. "나는 모든 것을 이루었고 내 모든 희망과 꿈이 100% 실현되었다"라고 말할 수 있는 사람은 없습니다. 그러나 좋았던 순간이나 긍정적인 경험을 기억하고 떠올리는 것은 누구나 가능합니다.

1. 침대에 누워 타이머를 7분에 맞춘 후, 〈2+4 호흡〉으로 연습을 시작합니다. 눈을 감고 침대가 몸 전체를 편안하게 받치고 있다는 사실을 알아차립니다. 침대 깊숙이 몸을 맡기고 발끝에서 머리끝까지 모든 근육을 느껴 보세요. 근육을 이완하고 느껴지는 모든 감각에 주목하세요.

2. 하늘 위로 날아가는 상상을 하세요. 하늘에서 땅을 내려다보세요. 나무와 저녁노을을 지켜보세요. 하늘 위 구름 속을 떠돌아다니는 상상을 하세요. 이제 평화롭고, 고요하며, 행복이 느껴지는 곳을 날고 있다고 상상해 보세요.

3. 〈2+4 호흡〉을 1회 더 하세요. 경치가 아름다운 숲, 고요한 호수, 시냇가, 바다 등 평화로운 장소를 상상해 보세요. 가장 편안하게 쉴 수 있는 곳을 그려 보세요. 그 장소의 풍경, 소리, 냄새를 마치 그곳에 있는 것처럼 생생하

게 느껴 보세요. 그 공간에서 편안하게 누워 휴식을 취할 수 있는 자리를 찾아보세요. 어떤 감정과 신체 감각이 느껴지는지 살펴보세요. 마음속으로나 소리를 내어 느낀 경험을 말해 보세요.

4. 〈2+4 호흡〉을 마지막으로 1회 더 하고 연습을 마칩니다.

＊ 심화 연습

연습을 하면서 경험한 것을 연습 노트에 적어 보세요. 여러분이 상상한 평화로운 장소는 어떤 모습이었고, 어떤 냄새가 났으며, 그곳에서 무엇을 느꼈나요? 어떤 색깔을 봤나요? 식물이나 동물이 있었나요? 다음에 이 연습을 할 때는 연습 시간 10분 전체를 나만의 특별하고 평화로운 장소를 상상하고 경험하는 데 사용해 보세요. 새로운 장소를 상상할 수 있었는지 확인하세요.

연습 52

걱정 사마귀

읽는 시간: 2분 | 연습 시간: 8분

때로는 걱정스러운 생각 하나가 다른 걱정거리를 불러들이며 전체적인 불안감을 높입니다. 미국에서는 걱정이 많은 사람을 걱정 사마귀(Worrywart)라고 부르기도 합니다. 피부에 나는 사마귀는 불쾌한 존재로 누구도 좋아하지 않습니다. 때로는 자신이 하는 걱정거리가 사마귀처럼 느껴질 수 있습니다. 걱정을 떨치는 방법은 차라리 마음껏 걱정할 수 있도록 허락하는 것입니다. 이렇게 걱정할 시간을 따로 갖는 것은 온갖 걱정이 하루 종일 머리를 떠다니게 하거나 적절하지 않은 때에 불쑥 나타나지 않도록 하는 효율적인 방법입니다.

1. 하루 중 특정 시간을 걱정하는 시간으로 정합니다. 잠자리에 들기 최소 1시간 전으로 설정합니다. 앉아 있기 편한 장소를 찾아서 타이머를 8분에 맞추세요. 〈2+4 호흡〉으로 연습을 시작합니다.

2. 종이 한 장을 준비해서 자신의 걱정거리를 모두 적으세요. 이상하거나 사소해 보이는 것도 괜찮습니다. 모든 걱정을 원하는 만큼 적어도 괜찮습니다. 떠오르는 모든 걱정거리를 적으세요. 걱정거리가 우습거나 유치해도 상관

없습니다.

3. 타이머 시간이 종료되면 걱정거리를 적은 종이를 찢어서 버립니다.

4. 〈2+4 호흡〉을 1회 더 하고 연습을 마칩니다.

5. 이제 가벼운 산책이나 즐거운 활동을 합니다.

*** 심화 연습**

어땠나요? 걱정거리를 적은 종이를 찢을 때 안도감을 느꼈나요? 하루 동안 여러 가지 걱정거리가 떠오를 때면 자신에게 "괜찮아. 내 걱정 시간에 걱정 사마귀를 모두 다룰 거야"라고 말하세요. 다음에는 걱정거리를 적는 대신, 자신의 이야기를 방해하지 않고 들어줄 수 있는 믿을만한 친구에게 걱정거리를 말하는 것입니다. 적당한 친구가 없으면 자신에게 소리 내어 말할 수도 있습니다.

연습 53

졸린 나무늘보

읽는 시간: 2분 | 연습 시간: 8분

나무늘보는 서두르는 법이 없습니다. 언제나 평화롭고 행복해 보이는, 재미있는 동물이에요. 힘든 날을 잘 이겨 냈지만, 여전히 몸과 마음의 긴장이 풀어지지 않을 때가 있어요. 이 연습은 여러분을 편안한 꿈나라로 안내할 거예요. 상담 시간에 만나는 많은 청소년이 항상 이 연습을 하고 있다고 저에게 말합니다. 이 연습을 하면 밤에 잠을 더 잘 자고 아침에 더 편안하고 개운하게 일어날 수 있다고 말해주었어요.

1. 방의 조명을 끄세요. 이 연습에 타이머는 필요 없습니다. 영화에 나오는 슬로모션 장면처럼 침대까지 천천히 걸어가세요. 그리고 침대 위로 올라가세요.

2. 편안하게 누우세요. 손을 배꼽에 올려놓고 숨을 마시고 내쉴 때마다 복부(횡격막)가 올라가고 내려가는 것을 느끼세요. 〈4스퀘어 호흡〉으로 연습을 시작합니다.

3. 이제 발끝에서 머리끝까지, 몸의 모든 부분을 긴장시키세요. 예를 들면, 발

가락 끝을 앞으로 말고, 발을 구부리고, 다리와 팔이 움직이지 못하도록 힘을 꽉 주고, 주먹을 꽉 쥐고, 턱은 굳게 다뭅니다. 이제 발가락부터 시작해서 모든 근육을 천천히 이완합니다. 몸 윗부분으로 올라가며 차례대로 나무늘보처럼 천천히 힘을 풀면서 모든 근육이 이완되는 것을 느낍니다. 몸이 완전히 이완되었다고 느낄 때까지 연습을 반복합니다.

4. 연습을 마치면 다음 날을 위한 긍정 마음가짐을 가져 보세요. 예를 들면 "어떤 일이 있더라도, 나는 평화롭기를 선택할 거야"와 같은 긍정 확언을 만들어 말합니다.

*** 심화 연습**

잠들기 전에 그날 있었던 경험을 다시 떠올리면서 자신의 기분 상태를 알아차리세요. 다음 날 저녁, 전날 밤에 가졌던 긍정적인 다짐이 하루 생활에 어떤 영향을 미쳤는지 생각해 보세요.

연습 54

떠오르는 알아차림

읽는 시간: 2분 | 연습 시간: 8분

주변을 잘 인식할 수 있는 능력이 향상되면 집중력도 높아집니다. 이 연습은 현재에 집중할 수 있도록 도와줄 거예요. 연습 도중 이런저런 생각이 떠올라 정신이 분산되는 것을 알아차렸더라도 괜찮습니다. 호흡에 다시 집중하며 연습을 계속하세요.

1. 양반다리 자세로 앉을 수 있는 편안한 장소를 찾습니다. 타이머를 8분에 맞추고 〈4, 7, 8 호흡〉으로 연습을 시작합니다. 의식을 몸과 마음으로 가져오세요. 온종일 여러분을 따라다녔던 생각들을 알아차려 보세요. 그 생각들을 인정하는 시간을 잠깐 가집니다. 판단하지 마세요. 그저 인정하며 고개를 끄덕여주세요. 다시 의식을 호흡으로 가져가세요. 복부가 올라가고 내려가게 깊이 호흡하세요. 호흡에 집중하세요.

2. 〈4, 7, 8 호흡〉을 1회 더 합니다. 의식을 몸과 마음으로 가져갑니다. 하루종일 여러분을 따라다녔던 감정들을 알아차려 보세요. 이제 몸에서 느껴지는 감각도 알아차리는 시간을 잠깐 가집니다. 모든 감각을 인정합니다. 그 감각들에게서 어떤 변화가 있는지 살펴보세요. 긴장이나 뻣뻣함이 느껴지는 부위가 있나요? 깊게 숨을 들이쉬고 내쉬세요. 주위에서 들리는 소음을 알아차리세요. 각 소음을 판단하지 말고, 그저 인정하며 고개를 끄덕입니

다. 이제 어떤 생각이 떠오르는지 알아차리세요. 그 생각들이 어떻게 생겨나고 다시 다른 생각들로 어떻게 바뀌는지 관찰해 보세요.

3. 〈4, 7, 8 호흡〉을 1회 더 하고 연습을 마칩니다.

＊심화 연습

지금, 이 순간에 존재할 수 있었나요? 알아차릴 수 있었던 어떤 생각이나 감정, 신체 감각을 연습 노트에 기록해 보세요. 다음에는 연습 시간을 10분으로 늘려 보세요.

연습 55

의도적인 멈춤

읽는 시간: 2분 | 연습 시간: 8분

이 연습은 디지털 세상에서 의도적으로 시간을 멈추고 자신을 돌보는 데 도움이 됩니다. 최근 연구에 따르면 휴대전화기 사용은 수면의 질을 떨어뜨리고 피로감을 증가시킨다고 합니다. 우리는 친구들과 교류하기 위해, 또는 하기 싫은 일을 하다 잠시 쉬거나 불쾌한 감정에서 벗어나기 위한 목적으로 휴대전화기를 사용하곤 합니다. 하지만 휴대전화기 사용은 지금, 이 순간에서 멀어지게 만듭니다.

매일 밤 의도적으로 휴대전화기를 사용하지 않는 시간을 만들어 지금, 이 순간에 온전히 집중할 수 있는 기회를 가져 보세요. 이는 숙면에도 도움이 될 거예요.

1. 침대에 누워 타이머를 8분에 맞춥니다. 즐거운 악기 연주 방송이나 유튜브 채널을 켜세요. 천장 위 한 곳에 주의를 집중하면서 〈2+4 호흡〉으로 연습을 시작합니다.

2. 높아지고 낮아지는 음악 소리에 집중하세요. 음악을 들을 때 반응하는 몸의 감각과 감정을 알아차리세요. 아무런 판단도 하지 말고 그저 받아들이세요.

3. 타이머가 종료되면 〈2+4 호흡〉을 1회 더 하고 연습을 마칩니다.

＊심화 연습

어땠나요? 혹시 불쾌한 감정이 들지는 않았나요? 다음에는 잠자리에 들기 최소 30분 전에 10분 전체를 연습에 할애해 보세요. 연습을 마친 후 휴대전화기는 더 이상 사용하지 마세요. 다음 날 아침에 일어나 지난밤 더 깊은 잠을 잔 것 같은지 생각해 보세요.

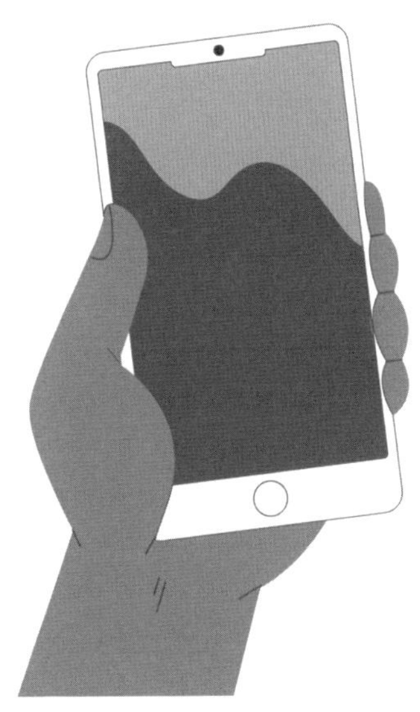

연습 56

상자

읽는 시간: 3분 | 연습 시간: 7분

간혹 우리는 자신이 무슨 생각을 하는지, 어떤 기분을 느끼는지 의식하지 못하고 하루를 보낼 때가 있어요. 하지만 자신의 생각이나 감정을 잘 인지할수록 매사에 더 신중하게 반응할 수 있습니다. 잡념과 불쾌한 감정은 우리를 지치게 합니다. 이 연습은 우리에게 기쁨을 주는 생각과 감정만 지니도록 돕습니다.

1. 양반다리 자세로 앉을 수 있는 편안한 장소를 찾으세요. 타이머를 7분에 맞추고 〈4, 7, 8 호흡〉으로 연습을 시작합니다. 마음에 주의를 기울여 봅니다. 오늘 가졌던 유쾌하거나 불쾌한 '생각'들을 알아차려 보세요. 기분 좋았던 생각에 고개를 끄덕여 인사하고 그것을 그대로 인정합니다. 기분 좋은 생각을 "감사"라고 적힌 상자 안에 넣는다고 생각하세요. 기분 나빴던 생각에 고개를 끄덕여 인사하고 그것을 그대로 인정합니다. 기분 나빴던 생각들이 부드러운 바람에 흩어지는 구름이라고 상상해 보세요. 불쾌한 생각이 떠나갈 때, 기분이 가벼워지는 것을 알아차려 보세요.

2. 〈4, 7, 8 호흡〉을 1회 더 합니다. 마음에 주의를 기울입니다. 오늘 가졌던 유쾌하거나 불쾌한 '감정'들을 알아차립니다. 기분 좋았던 감정에 고개를

끄덕여 인사하고 그것을 그대로 인정합니다. 기분 좋았던 감정을 “감사”라고 적힌 상자 안에 넣는다고 생각하세요. 기분 나빴던 감정에 고개를 끄덕여 인사하고 그것을 그대로 인정합니다. 기분 나빴던 감정들이 부드러운 바람에 흩어지는 구름이라고 상상하세요. 기분 나빴던 감정들이 떠나갈 때 기분이 가벼워지는 것을 알아차려 보세요.

3. 〈4, 7, 8 호흡〉을 1회 더 합니다. 몸에 주의를 기울입니다. 오늘 경험한 유쾌하거나 불쾌한 ‘신체 감각’들을 알아차립니다. 기분 좋았던 신체 감각에 고개를 끄덕여 인사하고 그것을 그대로 인정합니다. 이들을 “감사”라고 적힌 상자 안에 넣는다고 생각하세요. 불쾌했던 신체 감각에 고개를 끄덕여 인사하고 그것을 그대로 인정합니다. 불쾌했던 신체 감각들이 부드러운 바람에 구름이라고 상상하세요. 불쾌했던 신체 감각들이 떠나갈 때 기분이 가벼워지는 것을 알아차려 보세요. 턱부터 시작해서 목, 어깨, 팔, 다리로 내려가며 모든 근육에서 느껴지는 긴장감이나 뻐뻣함을 알아차리고, 이를 이완시킵니다.

4. 〈4, 7, 8 호흡〉을 1회 더 하고 연습을 마칩니다.

*** 심화 연습**

기분 좋았던 생각, 감정, 신체 감각을 상자에 넣는 것을 상상할 수 있었나요? 불쾌한 생각, 감정, 신체 감각을 흘려보낼 수 있었나요? 감사한 마음이 들게 하는 기분 좋은 생각, 감정, 신체 감각을 담고 있는 상자를 그림으로 표현해 보세요.

연습 57

평화로운 취미

읽는 시간: 3분 | 연습 시간: 7분

지금쯤 여러분은 고요한 명상 시간을 그리워하게 되었을지도 모르겠습니다. 명상은 여러분이 평화와 편안함을 느끼도록 돕습니다. 여기 일과를 마친 저녁 시간에 더 차분해질 수 있는 평화의 명상이 있습니다.

1. 편안한 장소를 찾아 앉으세요. 타이머를 7분에 맞추고, 소리를 내거나 혹은 마음속으로 "과거는 과거다. 미래는 미래다. 나는 현재의 행복과 평화에 집중한다"라고 말합니다. 각각의 호흡을 알아차리는 것에 집중하고, 호흡할 때마다 복부가 올라가고 내려오는 것에 주의를 기울이세요.

2. 〈4스퀘어 호흡〉을 1회 시행합니다. 소리를 내거나 혹은 마음속으로 "나는 지금, 이 순간을 즐긴다. 나는 현재 이곳에 머무를 수 있다"라고 말합니다. 잠깐 엄마가 아기를 안아 주듯이 자신의 호흡을 마음으로 껴안아 줍니다.

3. 〈4스퀘어 호흡〉을 1회 더 합니다. 소리를 내거나 혹은 마음속으로 "생각은 일어나고 가라앉는다. 그것이 생각의 본성이다. 나는 생각을 마음에 가둬 둘 필요가 없다. 나는 편안하다"라고 말합니다. 자신의 몸과 자세에 주의를 기울이세요. 자신의 몸, 자세 그리고 느껴지는 감각을 인정하세요.

4. 코로 숨을 마시고 입으로 내쉬면서 호흡을 알아차립니다. 〈4스퀘어 호흡〉을 1회 더 합니다. 소리를 내거나 혹은 마음속으로 "나는 몸의 긴장을 알아차리고 풀어줄 수 있다"라고 말합니다. 다른 소리가 들려도 반응하지 마세요. 그냥 그 소리를 알아차리고 지나가도록 하세요. 소리를 내거나 혹은 마음속으로 "내 몸에 긴장은 없다. 나는 고요하고, 편안하고, 평화롭다. 나는 자유를 느낀다. 나는 편하다"라고 말합니다.

5. 집중해서 호흡을 의식하고 복부가 올라오고 내려가는 것에 주의를 기울이세요. 〈4스퀘어 호흡〉을 1회 더 하고 연습을 마칩니다.

＊심화 연습

명상 효과를 느끼고 충분히 즐기고 있나요? 다음에는 유튜브에서 5분 스트레칭 영상을 보며 이 연습을 해 보세요.

연습 58

심장 박동

읽는 시간: 2분 | 연습 시간: 8분

잠깐 시간을 내어 심장 박동에 집중해 보세요. 심장 박동은 자신의 감정을 나타냅니다. 심장 박동은 우리를 지금, 이 순간과 연결하고 지금, 이 순간에 집중하도록 돕습니다. 특히 스트레스를 받거나 힘들 때 더 그렇습니다. 심장 박동은 호흡과 마찬가지로, 우리를 현재로 다시 돌아오도록 하는 데 유용합니다.

1. 타이머를 8분에 맞추고 침대에 눕습니다. 침대가 몸 구석구석을 받쳐주고 있다는 것을 느껴 보세요. 호흡을 하며 근육을 이완하세요.

2. 〈4, 7, 8 호흡〉을 시작합니다. 손바닥을 가슴 위에 올려놓으세요. 심장이 얼마나 빨리, 또는 얼마나 천천히 뛰고 있는지 느껴 보세요. 지금 어떤 기분인지를 알아차리고 그 감정 상태와 심장이 뛰는 방식에 어떤 관련이 있는지 생각해 보세요.

3. 〈4, 7, 8 호흡〉을 1회 더 합니다. 100부터 7씩 빼며 거꾸로 세기 시작합니다(100, 93, 86, 79, 72, 65, 58, 51, 44, 37, 30, 23, 16, 9, 2). 2까지 세었을 때 크고 깊게 숨을 들이쉬고 폐가 공기로 가득 차는 것을 느껴 보세요. 이제 평소와 같이 호흡합니다. 주의를 심장 박동으로 돌리고, 이전보다

느리거나 빠른지 알아보세요. 이제 1부터 100까지 최대한 빠르게 세어 봅니다. 다시 심장 박동에 주의를 집중하며, 이번에는 더 느리거나 빠른지 관찰합니다.

4. 〈4, 7, 8 호흡〉을 마지막으로 1회 더 합니다. 타이머가 종료를 알릴 때까지 위 과정을 반복합니다.

*** 심화 연습**

심장 박동에 변화가 있었나요? 다음에는 10분 동안 연습을 하면서 작은 베개, 인형, 또는 다른 부드러운 물건을 배 위에 올려놓고 연습 과정 중, 호흡하는 부분에서 배가 올라오고 내려가는 것을 관찰하는 것도 추가해 보세요. 호흡하는 동안 배가 그 물체와 함께 올라가고 내려가는 것에 주의를 기울이세요.

연습 59

과거 바꾸기

읽는 시간: 2분 | 연습 시간: 8분

지금의 감정은 과거 경험의 영향을 받기도 합니다. 예를 들어, 멋진 하루를 보내고 난 후 집에 와서 어떤 음악을 들었다고 생각해 보세요. 그 음악은 그날의 경험과 연관되어 나중에 그 음악을 들을 때 그날의 멋진 하루가 떠오르게 됩니다. 이 연습은 음악을 사용하지만, 음악을 판단하거나 우리의 감정이 음악에 영향을 받게 하는 것은 아닙니다. 대신 소리 자체를 있는 그대로 느끼는 활동입니다. 판단하지 않고 듣는 법을 배우고, 과거의 경험에 큰 영향을 받지 않으면서 현재에 집중하는 것을 돕습니다.

편안한 장소를 찾아 타이머를 8분에 맞추고 자리에 앉습니다. 다른 소리에 방해받지 않는 장소를 찾거나 이어폰을 끼는 것이 좋습니다. 〈4스퀘어 호흡〉으로 연습을 시작합니다.

음악 방송이나 플레이 리스트를 틀고 1부터 10을 마음속으로 센 다음 플레이리스트나 채널을 무작위로 바꿉니다. 가능하다면 눈을 감고 바꾸세요. 노래 안의 다양한 음색과 소리에 온전히 주의를 기울입니다. 음색을 구분해서 들으려고 노력하고 중립적인 마음을 유지하면서 음악을 들으세요. 소리가 강해지거나 약해지는 때를 알아차리세요. 몸에서 느껴지는 감각을 알아차리세요. 음악에 맞춰 몸의 어떤 부위를 움직이고 싶어지나요? 이 과정을 10회 반복합니다.

〈4스퀘어 호흡〉을 1회 더 합니다. 이제는 한 곡 전체를 들으며 다양한 악기 소리를 구별해 보세요. 사람의 노랫소리가 있다면, 노래 부르는 사람의 감정은 어떤지 생각해 보세요. 몇 명의 사람이 노래와 화음에 참여하고 있는지 맞혀 보세요. 노랫소리의 범위와 음색을 잘 구별하며 귀 기울이세요.

위 과정을 1회 더 반복하세요.

〈4스퀘어 호흡〉을 1회 더 하며 연습을 마칩니다.

반응하기 Respond

연습 60

채널 바꾸기

읽는 시간: 2분 | 연습 시간: 8분

우리가 생각과 감정을 방송 채널처럼 선택할 수 있다는 사실을 알고 있나요? 우선 자신의 채널을 알아야 합니다. 생각과 감정은 우리에게 영양분을 주기도 하고 뺏기도 합니다. 우리 자신을 갉아먹는 생각과 감정은 해로운 텔레비전 프로그램과 같습니다. 우리 마음에 그런 생각이 가득 차 있을 때는 채널을 바꿔야 합니다. 이 연습은 자신의 생각을 알아차리고, 필요한 경우 채널을 바꿀 수 있게 돕습니다.

1. 편안한 장소에서 펜과 종이를 준비하고 앉습니다. 타이머를 8분에 맞추고 〈2+4 호흡〉으로 연습을 시작합니다.

2. 이제 자신의 하루에서 '일시 멈춤' 버튼을 누를 차례입니다. 아침에 일어난 순간부터 지금까지 자신이 했던 모든 활동을 적으세요. 목록을 읽으면서 자신의 몸과 마음이 어떤 반응을 보이는지 알아차리세요. 자신에게 도움이 되고 에너지를 주는 활동이었다고 느껴지는 활동 옆에는 + 기호를, 에너지를 빼앗는 활동에는 – 기호를 표시하세요. '에너지를 빼앗는 활동(– 활동)' 중에서 '에너지를 주는 활동 (+ 활동)'으로 바꿀 수 있는 것이 있는지 살펴보

세요. 또는 '에너지를 빼앗는 활동(- 활동)'을 어떻게 하면 조금 더 에너지를 줄 수 있는 방향으로 바꿀 수 있을지 생각해 보세요.

3. 이제 내면에 존재하는 비평가에 관해 생각해 보세요. 오늘 하루 자신을 비난한 적이 있었나요? 그렇다면 마음속으로나 혹은 소리 내어 "비평가가 떠들기 시작했다. 나에게 좀더 친절하고 다정한 아나운서가 등장하는 채널로 돌린다"라고 말하세요.

4. 〈2+4 호흡〉을 1회 더 하며 연습을 마칩니다.

＊심화 연습

자신에게 보내는 격려의 편지를 써 보세요. 내면의 비평가가 나를 비난하고 있다고 느낄 때 그 편지를 읽고, 채널을 바꾸세요.

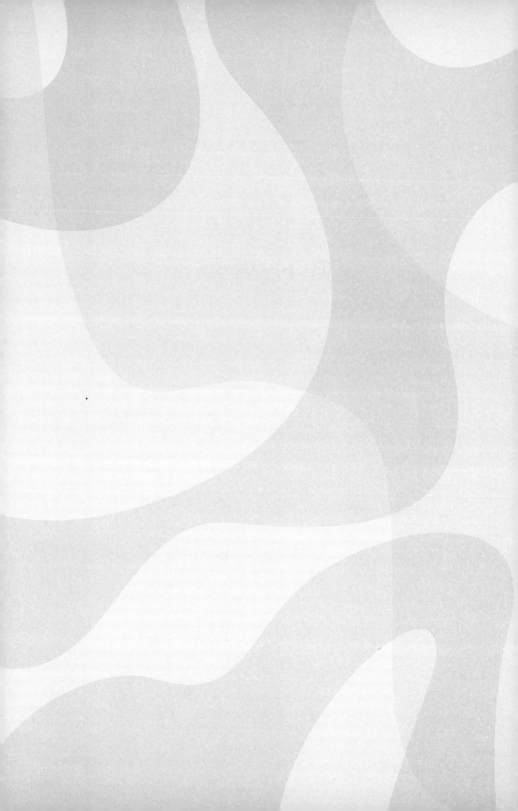

결론

마음챙김으로 떠나는 여정

연습을 계속하세요.

축하합니다! 이제 자신에게 평생 도움이 될 수 있는 습관을 하나 만들었습니다! 마음챙김과 함께라면 어떤 어려움도 헤쳐 나갈 수 있을 거예요.

여러분은 차분함, 집중력, 정서적 안정감을 가져다주고 더 긍정적인 삶의 태도를 가질 수 있게 도와주는 60가지 마음챙김 명상을 배웠습니다. 각 연습을 하기에 가장 좋은 때는 하루 중 언제인지도 - 아침, 점심, 저녁 - 살펴보았습니다. 또한 언제라도 마음챙김을 통해 자신의 마음과 기분을 바꿀 수 있다는 것도 알았습니다.

새로운 명상 습관을 통해 외부에서 일어나는 다양한 자극을 잘 관리하고 적절히 대응할 수 있게 되었습니다.

자신만의 길을 찾아서

마음챙김은 여러분의 삶 전체를 바꾸려는 것이 아닙니다. 매 순간 더 깨어있고 더 알아차림으로써 매일 많은 순간을 즐길 수 있도록 돕는 것입니다.

이제 여러분이 배운 마음챙김 명상을 다른 사람들과 나누고 가르쳐 주세요. 하루 10분의 마음챙김 명상만으로도 많은 혜택을 누릴 수 있습니다. 마음챙김은 우리가 기계적으로 살 때 활성화되지 않는 뇌의 부위를 자극하여 삶의 질을 높이며 현재에 몰입하게 하고, 걱정을 줄이며, 다른 사람들과 더 깊이 연결되도록 돕습니다. 또한 스트레스를 줄이고, 숙면을 촉진하여 신체 건강을 도우며, 마음을 더욱 차분하게 하여 정신 건강에도 좋습니다.

이 책에 수록된 60가지 연습을 통해 이러한 다양한 혜택의 마음챙김을 평생 습관으로 만들어 보세요.

감사의 글

저에게 처음으로 마음챙김의 개념을 소개해 주신 페퍼다인대학교의 제롬 프론트 교수님께 감사드립니다. 마음챙김을 매일 하는 연습으로 삼을 수 있도록 영감을 주신 '창의적인 마음챙김 연구소(The Institute for Creative Mindfulness)'의 스티픈 댄시거 교수님께 더 깊은 감사를 드립니다.

10대를 위한 하루 10분 집중력 훈련

지은이 제니 마리 배티스틴
옮긴이 정지윤 · 진현정

이 책의 디자인은 노영현, 편집과 교정은 장현정,
출력과 인쇄 및 제본은 도담프린팅의 박황순, 종이는 다올페이퍼 여승훈이
진행했습니다. 이 책의 성공적인 발행을 위해 애써주신
다른 모든 분들께도 감사드립니다. 티움출판의 발행인은 장인형입니다.

초판 1쇄 인쇄 2025년 2월 21일
초판 1쇄 발행 2025년 2월 28일

펴낸 곳 티움출판
출판등록 제313-2010-141호
주소 경기도 고양시 덕양구 청초로 66 덕은리버워크 A-2003
전화 02-6409-9585
팩스 0505-508-0248
홈페이지 www.tiumbooks.com

ISBN 979-11-91528-27-5 43180

잘못된 책은 구입한 곳에서 바꾸실 수 있습니다.